本书受安徽财经大学著作出版基金资助

消费者异质性与中国进出口贸易研究

高 新 著

中国财经出版传媒集团
经济科学出版社
Economic Science Press

图书在版编目（CIP）数据

消费者异质性与中国进出口贸易研究／高新著．
—北京：经济科学出版社，2019．5
ISBN 978－7－5218－0419－5

Ⅰ．①消…　Ⅱ．①高…　Ⅲ．①消费者行为论－影响－进出口贸易－研究－中国　Ⅳ．①F752．6

中国版本图书馆 CIP 数据核字（2019）第 056002 号

责任编辑：白留杰　刘殿和
责任校对：王肖楠
责任印制：李　鹏

消费者异质性与中国进出口贸易研究
高　新　著
经济科学出版社出版、发行　新华书店经销
社址：北京市海淀区阜成路甲 28 号　邮编：100142
教材分社电话：010－88191355　发行部电话：010－88191522
网址：www．esp．com．cn
电子邮件：esp@ esp．com．cn
天猫网店：经济科学出版社旗舰店
网址：http：//jjkxcbs．tmall．com
北京密兴印刷有限公司印装
710×1000　16 开　12．5 印张　180000 字
2019 年 4 月第 1 版　2019 年 4 月第 1 次印刷
ISBN 978－7－5218－0419－5　定价：46．00 元

前　言

中国作为世界上发展中国家的代表，自改革开放开始进入了高速发展的阶段，经济实力以及综合国力都得到了显著提升。1978～2012 年 GDP 年均增长速度高达 10% 左右。但是，2012 年后，中国进入了一个新的阶段，2012～2018 年的经济增长速度分别为 7.7%、7.7%、7.4%、6.9%、6.7%、6.9% 和 6.6%。这个阶段的“换挡”速度远高于日本、韩国等国家和地区 4% 左右的速度，这种中高速的档位预示着中国进入了新常态。新常态经济预示着中国以往的发展模式需要转变，如人口红利的消失使得劳动力成本优势减弱。而且，金融危机后的世界经济也进入了新常态，使得中国外需不足等问题不可避免，需要中国认真审视新常态经济，并作出相应改变。在国际竞争日益严峻和中国新常态经济背景下，中国改革必须寻求新的发展动力，如释放新需求、发挥消费对增长的作用、重视国内消费者对经济发展的影响等。对于新常态的认识我国政府和学者进行了广泛的探讨，基本能达成一些共识，如新常态经济必须回归到经济发展的本质上来，即要考虑经济和社会、民生等多方面的发展。因而，经济的宗旨远不止是 GDP、人均 GDP 增长以及经济规模最大化，应该是惠及民生、使人民幸福的经济。因此，新常态经济的生产目的应该是满足人民日益增长的物质、文化以及生活等各方面的需要。

中国经济 40 年的快速发展离不开出口导向型的贸易政策。1978 年中国的出口总额仅为 97.5 亿美元，进口总额为 108.9 亿美元，呈现出逆差现象；2018 年，出口贸易增长为 2.48 万亿美元，进口贸易增长为 2.12 万亿美元，呈现出顺差现象，进出口贸易增长的倍数分别达到了约 250 倍和 190 倍。中国已经成为经济贸易大国，但是离强国还有本质的区别，主要体现在“国际要素”的利用方面：贸易大国主要运用国内资源和国际市场，而强国则需要充分利用国际资源和国内市场。因此，中国应该完善对外开放战略布局，促进国内和国际要素的利用和配置，加强国内和国际市场深度融合，同时加快对外贸易优化升级，将贸易政策从出口型向进口型转变，这样才能使中国迈向贸易强国之列。

改革开放 40 年，借助劳动力成本优势和扩张性出口贸易模式，中国经济得到快速发展，经济总量攀升至仅次于美国的地位，这在很大程度上是受益于全球化和自由贸易。目前，在反全球化和反自由贸易的国际环境以及内部发展问题不断累积的情况下，中国正处于积极转变的阶段。就国际环境而言，在中国从经贸大国向强国转变之际，中美贸易失衡、中国是否已达到发达国家水平等原因促使美国的反全球化和反自由贸易的单边主义势力抬头，实质是为中国强国发展道路上设置重重困难。就国内发展而言，收入差距、地区失衡等问题日益严重，不仅使中国离发达国家及经贸强国还有很大差距，而且对中国新时期经济维持中高速、可持续发展及社会稳定有着严重的抑制作用。

中国是全球化和自由贸易的受益者也是忠实的拥护者和执行者，“人类命运共同体”的提出体现了中国的大国担当，也是中国向经贸强国转变必须具有的责任，“主动扩大进口贸易”表明了中国进一步融入全球化的积极态度。“中国特色社会主义进入新时代，我国社会主要矛盾已经转化为人民日益增长的美好生活需要和不平衡不充分的发展之间的矛盾”的提出，预示着新时期中国经济发展将回归“以人为本”的本质，人民群众的“获得感”将会在一定程度上影响经济发展模式。“人类命运共同体”需要解决国际市场失衡的问题，中国需要改变扩张式出口的贸易模式、重视合理的进口贸易对国际关系的作用。所以，我国开始从受发展模式、国民收入水平制约的“为了生产和出口而进口”的模式向主要依赖于“引致需求①”式的内需驱动②的进口贸易模式转变。

与此同时，全球化不断深入，使得国际贸易发展越发重要。在现实的推动下，国际贸易理论的发展也不断完善，从重商主义到新新贸易理论，从绝对优势到比较优势，从产业间贸易到产业内贸易，从宏观层面到企业微观层面，体现了国际贸易理论是紧跟时代发展步伐，对全球化所带来的新现象进行解释。但是即便如此，国际贸易理论仍不能解释所有的现象。对主流贸易理论研究文献整理发现，贸易理论研究经历了古典、新古典、新贸易理论以及新新贸易理论这几个阶段的发展，都表现为“重生产方面、轻消费方面”。这些理论假设消费者方面是同质的，从而弱化了消费者的作用。因此，消费者在偏好方面的异质性开始被一些学者关注，在传统的贸易理论基础上进行了扩展，并得到了有价值的补充。

但是，偏好异质性只是定性假设，并不能量化，更重要的是消费者异质性并不仅是偏好异质性。因此，笔者从中得到一定的启示：消费者对经济发展的作用不可或缺，而经济发展的落脚点是百姓即消费者的民生问题，但是这在很多层面上都体现出了差异性。逻辑上，消费者的异质性对经济发展的作用是确实存在的，这也为本书的研究提供了一个切入点。理论发展方面，各学科的融合也越来越频繁，如劳动经济学、农业经济学、心理经济学等，特别是幸福经济学虽然不是主流经济学，但

---

① “引致需求”指的是由于一国国内消费需求存在从而产生对国外产品的进口需求。

② 冯雷（2014）指出，在可持续发展的诉求下，发展进口贸易成为与我国以内需拉动经济增长相呼应的必然选择。从贸易大国向贸易强国发展，从注重出口拉动经济增长到注重进口更加有效地利用国际资源，配合以内需为主要拉动力的经济增长模式的转变。

是在一定程度上对经济学进行了补充，也从民生问题角度对经济发展提出了一些想法，这与中国新常态经济的本质相融合。

一方面，中国经济快速发展主要依托对外贸易的发展，新常态经济也离不开贸易发展，而新常态经济关注的焦点是民生问题，这应该纳入贸易研究中。另一方面，由于贸易理论对很多贸易现象无法进行解释，在一定程度上主要取决于消费者同质性的假设，这表明消费者异质也应该纳入贸易研究中。民生问题的主体是国民，在贸易实践中主要扮演着消费者的角色，而消费者由于外部和内部的因素差异导致最终行为差异，表明了消费者的异质性，所以消费者作为中间桥梁就可以将民生问题与国际贸易研究结合起来，这就是本书的主要逻辑。

在此基础之上，本书对消费者异质性相关定义进行了阐述，并用数据说明了不同层面的消费者异质性是存在的，然后选取幸福指数、GDP含金量、发展和民生指数等指标来衡量不同层面消费者异质性，分别对中国出口贸易、进口贸易以及省际进口贸易进行了研究。具体而言，本书主要分为八章。第一章主要是对本书研究的出发点和意义进行阐述。第二章主要对国际贸易理论的发展、消费者需求、异质性偏好、人均收入和收入分配以及社会民生这几方面的文献进行整理，并在此基础上寻找到本书研究切入点。第三章则对消费者的异质性相关定义进行了阐述，并从不同层面出发对消费者差异进行描述，同时选取了本书实证部分所需的指标进行描述，比如幸福指数、人均国民收入、GDP含金量和民生指数等。第四章到第七章则是基于消费者异质性对进出口贸易进行分析：对于中国出口贸易而言，贸易伙伴的消费者异质性对中国出口贸易有显著的影响；中国的进口需求和省际层面的进口需求不仅与贸易双方的GDP正相关，还与消费者的异质性正相关、贸易伙伴的异质性负相关，同时也与贸易成本负相关，而且省际层面的消费者异质性对进口贸易发展不平衡也能提供一定的解释。第八章对本书进行了总结，并对中国今后经济的可持续发展提出了一些政策建议。

因此，本书认为，消费者的异质性对中国进出口贸易的研究，不仅对已有研究做了很好的补充，还将新常态经济关注的民生问题考虑其中，对中国进出口贸易、经济可持续发展以及和谐社会的实现有着一定的指导意义。

高　新

2019 年 2 月

目 录

第一章　导　论

本章从整体层面对本书进行说明：选题研究的目的和意义，所采用的主要研究方法，主要研究内容以及相应结构的安排，研究中可能存在的创新点以及不足之处。

第一节　选题的背景与意义

一、选题背景

（一）现实背景

作为一个发展中国家，中国的发展成为世界的一个焦点。1978 年改革开放以后，中国经济实力及综合国力等多个方面得到了显著快速地发展。在过往的 40 年间，中国经济增长速度持续高位运行，经济实力跃居世界第二，进出口能力位居第一位。但是，中国经济高速发展也伴随着一些不可避免的问题，如经济过热现象、东西部地区发展不平衡、资源浪费现象以及失业等。其中，有些问题具有中国特色，有些则是世界性难题。这些都对中国乃至世界的经济发展产生一定的影响。

总体而言，改革开放 40 年来，我国经济发展成绩显著，但发展进程存在一些波动，1979～1981 年、1989～1990 年以及 1998～1999 年这 3 个时间段经济增速低于 8%，虽然这个发展速度在世界上都处于较高水平，但相对于我国平均 10% 的增速还是有一定的落差。这 3 次回落主要是由于短期的外部因素干扰造成的。

2012 年开始，中国经济发展增速出现了改革开放后的第四次回落。2012～2018 年的增长速度分别为 7.7%、7.7%、7.4%、6.9%、6.7%、6.9% 和 6.6%，这是第一次超过连续 7 年增长速度低于 8%，这一次回落不是中国经济发展周期的下行区间，而是进入了一个“换挡模式”，这是一种正常的现象。以日本、韩国和中国台湾地区为例（见表 1－1），它们在高速发展阶段均速低于中国（不含台湾地区），持续年限也有所差异；但是“换挡”后，它们的经济增速均从 8% 以上的“高速挡”直接切换到 4% 左右的“中速挡”，而中国经济很有可能会在 7%～8% 的增速上维持一段时间。这种差异与历史经验有所区别，有着中国自身特色，也预示着中国经济发展进入了一个新的常态。

表 1－1　　日本、韩国以及台湾地区与中国“换挡”比较

国家（地区）	高速阶段（年）	增长均速（%）	维持年限（%）	“换挡”阶段（年）	“换挡”均速（%）
日本	1950～1972	9.7	23	1973～1990①	4.26
韩国	1961～1996	8.02	36	1997～2012	4.07
台湾地区	1952～1994	8.62	43	1995～2013	4.15
中国	1978～2012	10	35	2012 年至今②	约为 7.4③

注：①对于日本经济增长速度而言，1973～1990 年回落至 4.26%，1991～2012 年更是降至 0.86%，此处仅将 1973～1990 年这一阶段作为“换挡”阶段，以便比较。

②此处至今仅限于郎咸平《中国经济的旧制度与新常态》(2015)。

③笔者结合 2012－2018 经济增长速度计算，期间“换挡”速度约为 7.13%。

资料来源：郎咸平．中国经济的旧制度与新常态［M］．北京：东方出版社，2015.

可以确定的是，新常态是中国发展的必经阶段，是客观存在的阶段，不会随着主观意识而转移。这一阶段将会呈现出高效率、低成本、可持续发展等特点。但是，新常态背景下，中国经济发展在原有困难之上会遇到许多新的难题，如经济下行压力、经济结构、增长动力、资源环境约束等一系列难题。党中央提出一系列重大战略思想、战略举措，既考虑到了国际合作，也考虑到了自身内部发展，如为了促进中国和周边国家的发展提出“丝绸之路”，对内则将京津冀协同发展和长江经济带的发展提到战略层面，并在上海自由贸易试验区的基础之上向广东、天津、福建等地扩散和复制等。笔者将这些难题归纳为两点：一方面，经济下行是不争的事实，这是由劳动力成本优势、结构失衡等多方面原因共同造成的，新常态不可避免，但总体上还可以管控，如尽量将增速维持在7% ~8%的区间，而且时间尽可能维持的长一点。其实，进出口贸易方面是一个很好的着手点，也是高速发展阶段的经验，这就需要寻找进出口贸易可持续发展的新突破口。另一方面，新常态背景下经济发展的动力以及改革目的是什么？相对于物质财富而言，新常态经济更关注生活质量提高，如社会的稳定、“获得感”提升、商品和劳动市场更合理和民生保障更完善。而从民生角度考虑，百姓的角色可以视为是消费者，那么消费者需求可能成为这一重要时期经济主要动力之一。当前中国经济下滑加速，供给侧改革成为“十三五”施政新思路，但是，宏观政策需要在稳增长与调结构之间保持平衡，要从供给侧与需求侧同时加力，释放内需潜力、激发供给活力，防止经济增速滑出合理区间。

新常态经济的宗旨远不止是GDP、人均GDP增长以及经济规模最大化，而是惠及民生，应该是使人民幸福的经济。因此，新常态经济的生产目的应该是人民日益增长的物质、文化以及生活等各方面的满足。基于此，新常态经济学应该属于幸福经济学范畴，而所谓的幸福经济学就是切实考虑人们的民生问题，这是经济与社会发展的最根本目的。也就是说新常态应该充分考虑经济发展与民生问题的融洽结合，这也与民生问题越来越受到关注的现实相吻合。简单地说，经济发展的宗旨应该与百姓生活密切相关，小到平日的吃穿住行、子女教育以及生老病死等生活必需层面，大到民生关注、保障以及改善方面。这些不仅是人民群众最直接关心的现实利益问题，也是同党的性质、宗旨和目标一脉相承的。那么，如何量化民生问题，使之可以进行观测比较以及控制，这也是一个重要问题。

（二）理论背景

对于中国乃至全世界而言，国际贸易的发展对经济发展的贡献都是至关重要的。贸易理论的研究也形成了较完善的体系，主流贸易研究经历了不同阶段的发展，从重商主义的萌芽开始，古典理论、新古典理论、新贸易理论以及新新贸易理论这四个主要阶段被学术界广泛接受。前两个阶段又被称为传统的贸易理论，基于完全竞争市场等假设对产业间贸易进行了重点解释，并强调国际贸易使得贸易双方均受益；新贸易理论基于产业内贸易等新的贸易现象，从不完全竞争的市场结构、技术进步以及规模经济等角度进行了分析；新新贸易理论则将研究的主体更加细化，主要关注微观企业层面和国际投资现象，其理论主要可以分为异质企业模型以及企业内生边界模型。这四个阶段，在构建理论模型时，大多假设消费者方面是没有区别的，即同质性，仅考虑生产者方面对国际贸易的影响，并在此基础上不断扩展，特别是近十几年，梅里兹（Melitz，2003）的异质性企业模型受到广泛推崇。梅里兹指出，企业出口与否、进入还是退出市场主要取决于企业在生产力效率方面的差异，学术界对此展开了广泛讨论。但是，成本（生产率）因素仍然不能解释所有贸易现象，如“消失的贸易”，其中最大的可能就是忽略了消费者的异质性。

虽然，瑞典经济学家林德（Linder，1961）从需求角度出发，对国际贸易行为的产生进行了分析，并指出国家或地区之间的需求结构越相似，它们之间进行国际贸易的可能性也就越大。在此基础之上，林德提出了重叠需求理论（也称为需求偏好相似理论），并在一定程度上对产业内贸易现象进行了解释。但是，这只能说明国内需求对出口潜力有影响，即国内对某一产品需求增大，会导致国内企业扩大该产品生产，当产量超过国内需求时就导致出口潜力的产生，而忽略了国内需求对进口贸易的影响。笔者认为，没有国内需求作依托进出口贸易均是无法实现的，而且重叠需求理论并没有对消费者需求异质性进行一般性界定，只是认为收入相似程度决定了需求结构重叠程度，而忽略了其他方面对消费者需求的影响。

在较新的一些研究中，已有学者考虑了消费者异质性：一些学者在贸易模型的需求函数中引入偏好不对称性，有些学者利用拟线性偏好，如下村（Shimomura，2010）和福岛（Fukushima，2009）；有些学者对异质性企业模型进行了非位似偏好的扩展，他们认为消费者对不同产品的偏好是不一样的，即某一国家的需求函数随着产品改变而改变，如奥塔维亚诺等（Ottaviano et al.，2002）、梅里兹和奥塔维亚诺（Melitz & Ottaviano，2008）；还有些学者则在贸易模型中引入了消费者的消费差异性，如科米特（Comite，2014）在梅里兹和奥塔维亚诺（Melitz & Ottaviano，2008）的消费者偏好不对称性基础上，引入国家间消费者异质性（假设每个国家有一典型消费者），对一国从事出口的数量和价格的影响进行了研究。但是，这一类研究未能将消费者异质性明确化，也没有明确具体衡量方法。

其实，消费者异质性在经济学中的研究已有不少成果，主要集中在产业组织理论等研究中，但大多也停留在解释方面，对消费者异质性量化的研究还不多。现实中，消费者异质性无处不在，以微观个人层面为例，个人的收入、年龄、家庭以及环境状况等都会影响到经济行为，然后影响到一个国家的经济情况。例如，劳动经济学主要关注工资收入、就业情况等问题与经济发展之间的着密切关系；环境经济学则关注的是环境指标与劳动生产乃至经济发展的关系。这均说明了消费者异质性会对经济产生影响，那么，直觉上消费者异质性也会对国际贸易行为产生影响，只不过此时的消费者异质性可能的定位不是局限在微观层面，而是扩展到了国家层面。

经济发展的宗旨应该是社会、民生福利的提高，而不是GDP的数值化衡量和比较，对于中国经济发展现行的主要衡量方式就是GDP，但是，GDP所能见证的只是经济发展的速度和规模，对于经济增长的社会成本衡量、增长质量和实际国民财富等方面的真实体现还存在很多的缺陷，这可能是与GDP指标不能真实反映民生问题密切相关，如近年日益受到关注的国民幸福感相关问题。而且，对GDP的追逐也产生了很多问题，如进出口贸易失衡、地区发展差异化等。因此，幸福指数、GDP含金量以及地区发展指数（DLI）等指标对社会民生发展问题有了很好的兼顾和诠释。

基于此，国际贸易发展、消费者异质性以及民生问题怎样进行融合将是本书研究的重点。本书在理论模型上纳入消费者异质性的假设，研究消费者异质性对国际贸易的影响，再选取能反映民生问题且能体现消费者异质性的指标来进行分析，为新常态背景下中国经济的转型提供一定的参考依据。

二、选题意义

改革开放后，中国依赖劳动力成本和数量优势使得中国选择了出口导向型对外贸易模式，这也造就了中国40年的高速发展。但是随之而来的结构化问题、收入差距问题以及经济增长动力问题等在一定程度上阻碍了中国经济发展，使中国经济进入了新常态，这是客观存在且不可逆转的。厉以宁（2015）指出，面对新常态无论是政府、企业还是消费者都应该保持平常心，特别是在互联网时代，消费者的参与度越来越高，这就使得消费者的作用也至关重要。① 而且经济发展的宗旨应该最终落实到社会和民生方面，这种观点得到了政府和学界广泛认可。反过来，社会和民生问题是否对经济有拉动作用？直觉上有，并且这也是可行的。基于国际贸易对过往40年中国经济发展的重要促进作用，本书将基于国际贸易方面进行研究分析：对于中国出口而言，随着中国劳动成本的增加，以及国际市场环境的影响，外需不足对中国出口将产生严重制约作用，也就是说外国的消费者需求对中国出口有影响；对于中国进口而言，中国的消费者需求也产生重要影响。更重要的是，中国进入了新常态，无论是中国经济，还是进出口贸易都会有不小的变动。本书基于此为讨论消费者异质性对中国经济贸易持续发展的动力问题提供了一个新的思路，具有重要的理论意义和现实价值。

（一）理论意义

本书选题的主要理论意义：

（1）结合目前研究现状，本书对消费者异质性在不同层面的定义进行了阐述。首先，从消费者出发，可以表现为宏观的国家层面、中观的地区或产业层面、微观个人层面；其次，对异质性的衡量进行的描述，是本书可能的创新之一。

（2）论证了消费者异质性与中国进出口贸易之间存在着一定关系，从而为将消费者异质性纳入贸易理论模型作了铺垫。

（3）国家层面，本书在已有贸易模型的基础上进行了拓展，纳入了消费者异质性因素，并进一步分析了贸易伙伴的消费者异质性对中国出口贸易的影响，以及消费者异质性对中国进口贸易的影响，为贸

① 吴敬琏，胡舒立．新常态改变中国［M］．北京：民主与建设出版社，2015.

易理论从消费需求角度进行分析提供了分析架构，并将研究延伸到民生问题上来。

（4）省际层面，本书也通过理论模型拓展的方法分析了消费者异质性对中国各省份的进口贸易的影响，选择省际平衡面板数据（非平衡面板数据）进行了分析，而全国范围的区域差异、省际层面的出口贸易将是笔者今后研究的方向。这些无疑将丰富现有的研究文献。

（二）现实价值

（1）由于本书在定义消费者异质性时主要考虑了社会民生因素，如果理论能够实现预期目标，那么就可以将理论引申到现实的民生与经济贸易的关系上面来。这一部分不仅分析了消费者异质性对进出口贸易的影响，也为区域发展不平衡提供了一个新的思路。

（2）在政策建议方面，本书将民生改善与经济贸易发展充分结合，为新常态下中国经济转型做出了一定贡献，也体现了经济贸易发展的根本宗旨。

在相关资料初步收集和分析的基础上，笔者通过理论与实证相结合的方式，研究消费者异质性对中国及省际进出口贸易的影响。由于新常态下中国经济转型不可逆转，而且民生问题将成为这一时期的焦点之一，作为桥梁的消费者异质性，如何影响中国贸易和经济的发展，将为转型提供切实的参考意义。但是，目前在贸易理论方面，国内外关于消费者异质性的研究还比较少，关于不同层面的消费者异质性对国际贸易的影响更为少见。因此，在新常态的背景下，如何将民生问题纳入经济贸易发展中并稳定和促进其满足新常态特点的发展，同时也为寻找贸易发展的动力和梳理贸易发展的新竞争优势，实现新常态的合理性和持续性，既为中国对外贸易的影响机制提供一个尝试性的分析角度，也为民生问题与经济贸易相结合提出新思路，更为政府各部门将民生问题纳入经济发展中提供有益的理论与实践基础。

第二节 研究的主要内容、思路与框架

一、研究的基本思路

本书从理论和实证两个方面进行了研究。一方面，将消费者异质性纳入贸易理论模型中；另一方面，寻找消费者异质性的衡量指标，以便能够进行实证分析。首先，将中国发展现状进行阐述，包括经济贸易发展和社会发展，从而找出一定的直观关系，并将中国贸易与社会民生相结合，为中国新常态下经济转型从消费者需求角度寻找发展可能的动力。其次，对可能涉及的理论进行总结和创新，将不同研究领域的交点问题进行整合，形成本书所需要的理论。但是，由于社会民生问题是一个庞大复杂的系统问题，为了简化，本书将从不同层面对社会民生问题指标化，如国民幸福指数、GDP 含金量以及地区发展与民生指数等指标，同时进行甄别和相关数据整理。在此基础上，进行相应的理论与实证分析研究。总体上，本书共分为八章。

第一章，导论。对本书的整体架构进行了说明。

第二章，文献综述，包括文献回顾和文献评述两部分。前者主要对国际贸易理论的发展、消费者需求、异质性偏好、人均收入和收入分配以及社会民生这几方面的文献进行整理，并在此基础上寻找到本书研究切入点。

第三章，相关定义阐释与消费者异质性衡量。首先对新常态、消费者异质性等相关概念进行阐述，然后从个人微观层面、省际层面和国家层面对异质性进行阐述，并选取本书实证部分所需的相关指标进行描述。

第四章，消费者异质性对中国出口贸易的影响。基于国家层面的异质性对中国出口贸易进行研究，主要包括理论和实证分析两部分。

第五章，消费者异质性对中国进口贸易的影响。从理论和实证两部

分出发，并基于国家层面的消费者异质性对中国进口贸易进行研究。

第六章，消费者异质性对省际层面进口贸易的影响。这部分除了在理论和实证部分从消费者异质性角度对相关省份的异质性进行研究，还对相关省份贸易发展不平衡进行了分析。

第七章，基于非平衡面板的消费者异质性对省际层面进口贸易的影响。考虑到贸易数据和实证分析方法的特性，零贸易量和遗漏变量是较为常见的现象。基于此，本章基于第五章和第六章的理论框架，考虑到零贸易现象的存在（即非平衡面板），将利用固定效应方法（FE）、ANOVA 方法、极大似然估计方法（MLE）和受约束的极大似然估计方法（REML）进行参数估计；考虑到内生性问题，将利用工具变量和动态面板分析两种方法进行分析，结论均是稳健的。

第八章，总结。主要包括结论与政策建议，以及后续研究展望。这一章是本书前几章的总结，并从现有研究不足之处出发，指出笔者下一步主要研究的方向。

二、研究方法

1. 文献分析方法

由于本书的主旨是将消费者异质性纳入已有的贸易理论中，并将消费者异质性在不同层面上指标化，厘清不同层面的消费者异质性对中国贸易的影响并提出政策建议。研究内容涉及方方面面，点多面广，错综复杂，所以本书将定性分析和定量分析相结合。笔者对本书相关文献进行了收集和整理，并努力借鉴已有的国内外研究方法和成果，将本书涉及的文献归纳为国际贸易传统的主流理论、消费者偏好理论以及幸福经济学等社会经济学理论，并以需求角度作为切入口，将消费者异质性与民生问题相结合，同时探寻上述理论之间的内在联系，以使本书建立在比较扎实的理论基础之上。

2. 比较分析法

消费者异质性在不同层面的定义范畴有所区别，如一个国家可以视为一个典型消费者，在经济全球化的大背景下，这使得各国经济贸易有了可比性，同时由于各国具有不同的消费特性，因此，消费者异质性在国家层面可以进行比较分析。同理，本书也进行了中国省际层面进口贸易的研究。

以上的比较方法有着特别重要的意义，它有助于正确认识统一研究对象在不同层面的异同，有助于正确认识研究对象在不同层面的普遍性和特殊性。本书以消费者异质性与贸易关系作为研究对象，广泛收集相关资料，分别采用了纵向比较和横向比较方法来进行分析，探寻产生这些异同的内在原因，既看现象也看本质，透过现象看本质，反复研究，最终找出解决问题的方法。

3. 计量分析方法

由于本书研究的层面较多，涉及的内容较多，因此，本书多个章节涉及实证研究分析。以国家层面为例，本书选取了多个中国出口目标国与中国出口作为研究对象，基于理论拓展和可获得的相关数据，拟选出幸福指数作为消费者异质性的核心变量。为了增加分析的科学性，本书研究采用面板数据（包括平衡面板数据和非平衡面板数据）进行相关实证分析。

其他层面如省际层面的研究也采取类似的方法，主要目的就是用数据验证方法来说明消费者异质性与贸易之间的关系。

第三节 创新点与不足

一、可能存在的创新点

笔者认为，本书的创新可以归纳为概念的阐述与扩展、理论模型部分的创新以及实证部分可能的创新。

（一）概念的阐述与扩展

本书在第三章对相关概念进行了阐述，主要包括消费者以及异质性等方面。虽然，无论是消费者还是异质性从字面理解都很容易，但是，对消费者异质性尚未有较统一的定义，笔者将从消费者和同质性出发，并引出异质性的定义，然后对消费者异质性进行阐述。在此基础上，本书还对消费主体进行了扩展，消费者不单指一个人，一个群体、一个城市乃至一个国家都可以视为消费者，只不过涉及的层面有所区别而已。接着，本书从国家层面、区域层面等对消费者进行了描述，从而体现出消费者异质性的存在。在此基础上，本书还选取不同层面的消费者异质性指标进行了分析。

（二）理论部分的创新

本书将消费者异质性引入两个已有的贸易模型中：第一，在梅里兹和奥塔维亚诺（Melitz & Ottaviano，2008）的基础上引入消费者异质性，假设偏好不对称性和消费差异性，并最终归纳到国家层面，假设每个国家有一典型消费者，然后研究国家层面的消费者异质性对进口贸易的影响；第二，在经典的贸易引力模型的基础之上，引入消费者异质性，分别从国家层面和省际层面对进口贸易进行了研究。

（三）实证部分可能的创新

1. 指标选取上的创新

本书关注的焦点是消费者异质性，对其衡量与运用还很少。本书将从国家层面、省际层面出发，分别选取幸福指数（HI）、GDP 含金量和城市发展和民生指数（DLI）这三个指标来衡量不同层面的消费需求的差异，即消费者异质性所在。

2. 估计策略上的创新

实证部分主要基于理论模型中考察到的几个主要指标之间的关系，并结合贸易引力模型进行实证模型的构建，首次将消费者需求指标纳入其中，并从不同层面进行了研究分析。其中，在区域层面，本书还考虑到了交叉效应，即不同地区消费者异质性对贸易的影响存在着差异性，为中国区域发展不平衡提出了一些可能有用的建议。

二、可能存在的不足之处

首先，在实证分析方面选取的指标有一定的创新性，但是由于以往文献相关研究很少，虽然笔者经过了深思熟虑，但仍可能会出现认可度的问题，这需要在今后的研究中进行不断探讨。

其次，对于出口方面的研究，本书只从国家层面进行了分析，这主要取决于数据的可获得性以及特定的思考角度，因为直觉上，出口国是生产或销售方面，进口国才是消费需求方面。

最后，本书只涉及国家层面和省际层面的国际贸易研究，对于城市层面、微观层面还未进行考虑，主要是因为统计数据的不完善和滞后性。但随着大数据化和实名认证化的进一步深化，这些困难会有所改善。因此这些不足之处也将是笔者今后研究的重点方向。

第二章　文献综述

国际贸易的形式历史久远，而相关的理论研究则起源于15世纪末和16世纪初。随着国际贸易实践不断深化，国际贸易理论也得到不断发展，到目前为止形成较为完善的理论体系，也是国际经济学研究中不可或缺的一部分。纵观已有国际贸易理论体系，研究的核心问题集中于贸易原因、模式以及福利效应问题。分析模式主要是从现象出发提出问题，然后基于一定假设从理论角度进行推导分析，从而进一步结合相关数据进行一系列实证分析验证。因此，本章将结合本书研究的目的，对主要的相关文献进行回顾，并在此基础上进行评价。

第一节　文献回顾

一、国际贸易理论的发展

从重商主义开始，国际贸易理论研究随着全球化的加深也得到了一定发展，到目前已形成一个较完善的研究体系。被学者广泛接受的主流国际贸易理论发展大致可分为四个阶段：古典理论、新古典理论、新贸易以及新新贸易理论。其中，前两者被认为是传统的贸易理论，后两者则成为当代贸易理论。这四种理论之间存在着一定的逻辑性，新理论的产生都将新的贸易现象作为出发点，在已有理论上进行拓展和补充。

1. 古典贸易理论

这个阶段共经历100余年，其发展的基础是对重商主义的批判。所谓的重商主义——认为国际贸易就是为了获取社会财富，即主张贸易差额论，鼓励出口，忽视进口。但是，1776年亚当·斯密在《国民财富的性质及原因的研究（国富论）》中在国际分工学说的基础上提出了绝对成本比较优势的概念，即国际间的商品贸易主要取决于各自的生产率和生产成本的绝对差异，并认为如果一个国家对某种产品的生产在生产率和生产成本上有绝对优势，这个国家就只需对该优势产品从事专业化生产，然后进入国际市场进行贸易，这种专业化生产使得资源利用更有效率，并使得总产量增加、消费水平提升。1817年，大卫·李嘉图考虑到绝对优势理论的不足之处，在其著作《政治经济学及赋税原理》中提出了比较成本优势理论，指出劳动力生产率和技术差异虽然是国际专业化分工和国际贸易活动产生的主要原因，但是各国专业化生产的商品的行为决策主要遵循“两优取其重，两劣取其轻”的原则。也就是说，如果两个进行贸易，对两种产品都有绝对优势的国家，会选择优势更明显的产品进行专业化生产，而对两种产品均有绝对劣势的国家则会选择劣势较小的那种产品进行生产，并进行国际交换，从而使得贸易双方均会获益。大卫·李嘉图在一系列的严格假设下，对一种劳动力要素、两个国家、两者商品的简化模型运用进行了基本原理阐述，这也标志着国际贸易理论体系的正式建立。

当然，这一阶段除了重商主义理论、绝对优势和比较优势理论，还包括弗朗斯瓦·魁奈的重农学派理论、弗里德里希·李斯特的保护贸易理论等。

2. 新古典贸易理论

1930年贝蒂尔·奥林在其老师伊·菲·赫克歇尔1919年提出要素

禀赋理论的基本观点基础之上，在《地区间贸易和国际贸易》中提出了生产要素禀赋理论，即赫克歇尔—俄林理论，也被称为新古典贸易理论。这一理论将比较优势理论中的单一劳动力要素拓展为多种生产要素，其中投入两种生产要素是生产过程中必不可少的基本条件，并指出即使生产同一种产品且生产技术水平一样，各国的生产要素禀赋程度导致要素价格差异，从而使得生产成本差别，进一步导致两国间该种产品的价格差异。在此基础上，国际分工就呈现出各国会密集生产本国要素较丰裕的低成本产品（具有成本优势），进而形成国际贸易。赫克歇尔—俄林理论中国际贸易产生的原因就是要素结构差异以及由此产生的要素相对价格在国际间的差异。

3. 新贸易理论

传统的贸易理论基本都是理论化的结论，缺乏数据分析，但是，随着科学技术的进步，数据收集和获得、处理技术的发展为国际贸易理论在实证方面的拓展提供了条件。20 世纪 50 年代初期，里昂惕夫利用美国 1947 年的统计数据对美国 200 个行业的进出口贸易结构进行了研究，结论表明美国进口的是资本和技术密集型产品、出口劳动密集型产品，但美国是一个资本充裕、劳动力相对稀缺的国家，这与赫克歇尔—俄林理论的结果相悖，即称为“里昂惕夫悖论”。这对赫克歇尔—俄林理论的普遍适用性产生了冲击，也为贸易理论的发展提供了可能性。一方面，有学者在原有赫克歇尔—俄林模型的基础上引入人力资本、土地等要素进行拓展分析，这就是新要素生产理论，如自然资源理论等；另一方面，有些学者对赫克歇尔—俄林理论的一些条件进行了改变，并取得了一定的效果，包括偏好相似理论、动态贸易理论、产业内贸易理论和国家竞争优势理论，其中以产业内贸易理论最为著名。

基于贸易实践中可以发现，就产品内容而言，贸易类型可以分为产业间贸易和产业内贸易，前者指的是专业化分工后一国进口和出口的产品是没有重合的、不属于同一产业部门，后者则有重合。因此，产业内贸易无法由传统的贸易理论进行解释，这就推动了新的研究方向的产生，其中包括新要素贸易理论、产业内贸易理论、国际贸易产品的生命周期理论等。20世纪70年代末至80年代初，以保罗·克鲁格曼为代表的经济学家放松了古典和新古典贸易理论关于完全竞争的产品市场假定，以不完全竞争市场和规模经济为假设前提，指出相对要素禀赋不是国际贸易产生的根本和唯一的原因。

产业内贸易理论的发展过程中，以保罗·克鲁格曼的理论最典型，该理论将迪克西特和施蒂格利茨的模型中纳入差异化产品和内部规模经济，构建了垄断竞争模型，并将这一模型运用到国际贸易理论的分析中，这就被称为"新张伯伦模型"。克鲁格曼（Krugman，1979）指出，在相应假设条件下，即使技术水平和要素禀赋不存在差异性，国际贸易活动也会因为产品差异和规模经济而产生，最终增加两国的福利水平。兰卡斯特（Lancaster，1979）假设产品之间存在着水平差异，以产品特性和消费者偏好的唯一占优选择为分析前提，指出在没有贸易壁垒和运输成本约束下，具有相同特点的贸易双方仍会进行产业内分工和贸易活动，即兰卡斯特模型。法尔维和基尔茨科夫斯基（Falvey & Kierzkowski，1987）等在赫克歇尔—俄林模型要素禀赋的基础上，认为产品差异影响的"新要素比例学说"基础上形成的产业内贸易实质是垂直分工的结果，在一定程度上可同时解释产业间和产业内贸易形式。布兰德和克鲁格曼（Brander & Krugman，1996）的差别垄断模型指出，要素禀赋和成本差异并不能影响国际贸易的结构，而且生产者和消费者对差异品追求的约束也不能影响贸易结构，贸易结构的形成只取决于垄断或寡头垄断企业的市场销售战略。一些学者基于寡头垄断的假设前提，建立了垂直差异[①]产业内贸易模型。一方面，法尔维和基尔茨科夫斯基（Falvey &

① 法尔维认为，一个产业包括依质量高低排列的一个"产品链"，即垂直差异性产品。

Kierzkowski，1987）指出，垂直型产业内贸易取决于贸易国之间的要素禀赋、技术和收入分配的相对情况；另一方面，弗拉曼和赫尔普曼（Flamand & Helpman，1987）构建了两个国家、一种产品、一种（劳动力）要素的模型，并假设生产率有所差异，劳动投入（这里指人力资本）决定了产品的质量，从而使得产品呈现出差异性，如果贸易双方的生产和消费结构不匹配，就可能导致产业内贸易发生。

4. *新新贸易理论*

随着国际分工的不断细化以及企业活动国际化，有一些现实的问题呈现：为什么并不是所有企业能够从事国际贸易？从事国际贸易的企业有何特征？在这个背景下，以企业异质性、不完全竞争和规模经济为分析前提的研究就逐渐盛行起来，并由鲍德温和尼古德（Baldwin & Nicoud，2004）、鲍德温和福斯利德（Baldwin & Forslid，2004）最先提出新新贸易理论的相关概念。与传统的贸易理论不同的是，新新贸易理论基于微观企业视角进行分析，而不再局限在产业部门。

2003年开始，新新贸易理论逐渐成为主流研究方向，研究内容主要集中在具有异质性的企业在国际贸易实践中的组织形式的选择，这就是异质企业贸易理论研究的焦点。需要指出的是，除了异质企业贸易理论之外，企业内生边界理论是新新贸易理论另一个大分支。

对于异质企业贸易理论的起源，学者大多认为是伯纳德和詹森（Bernard & Jensen，1995）、伯纳德和瓦格纳（Bernard & Wagner，1996）关于德国企业研究的文献，他们对德国的研究结论与对美国企业的研究相类似：企业之间存在较大差异，只有规模更大、生产率更高、技术水平更先进的少数企业才能进入国际市场。但异质企业贸易理论的代表作当属梅里兹（Melitz，2003），在克鲁格曼（Krugman，1980）和霍彭海恩（Hopenhayn，1992）的基础上，假设企业在生产率上存在差异，从而解释了企业组织行为差异化选择。具体而言，该模型考虑两个国家均拥有一个生产部门和一种劳动力要素，部门内每个企业的生产率和成本因素（生产成本和贸易成本两类）存在着差异，在此前提下企业才能进行出口决策：高生产率企业可以进入国际市场，低生产率企业只能在国内市场或退出市场，而且贸易自由化会使得资源从退出企业向高效率企业转移，从而促进行业生产率提升。在梅里兹研究的基础之上，伯纳德、伊顿、詹森和科图姆（Bernard，Eaton，Jensen & Kortum，2003），赫尔普曼、梅里兹和耶普尔（Helpman，Melitz & Yeaple，2004），鲍德温和大久保（Baldwin & Okubo，2006），法吉尔鲍姆、格罗斯曼和赫尔普曼（Fajgelbaum，Grossman & Helpman，2011）等研究进行了扩展和延伸，使得这一理论已成为国际贸易、投资等领域的重要参考依据。

对于企业内生边界理论而言，主要研究企业内部贸易，这是异质企业贸易理论没有涉及的。20 世纪 90 年代格罗斯曼和赫尔普曼等学者将企业理论与国际贸易理论相结合，从单个企业的组织决策问题出发，提出内生增长理论，为企业内生边界理论奠定了基础。企业内生边界理论的真正起源是安特拉斯（Antras，2003）这篇文章，他在科斯和威廉姆森的交易成本理论以及格罗斯曼、哈特和摩尔的产权分析法的基础上，将企业组织决策问题与赫尔普曼—克鲁格曼的贸易理论结合，在不完全竞争市场和产品差异化的假设下研究了跨国企业国际经营一体化决策，并指出资本密集的中间投入品和劳动密集的中间投入品存在明显差异，前者通过跨国公司内部贸易解决，后者则通过外包形式解决。安特拉斯和赫尔普曼（Antras & Helpman，2004；2006），格罗斯曼和赫尔普曼（Grossman & Helpman，2005），安特拉斯和科斯蒂诺（Antras & Costinot，2009）等研究对安特拉斯的理论进行扩展和延伸，为企业组织对国际贸易和 FDI 分析提供了理论视角。

综上所述，主流国际贸易理论的各阶段基本情况如上，由于传统贸易理论和当代贸易理论的产生都具有一定的时代性，所想解决的贸易问题也有所差异，是在一定的假设条件下，对相应贸易现象进行的解释。虽然，新贸易理论和新新贸易理论都属于当代贸易理论范畴，但是在假设条件上有所不同，所以将这两种理论单独进行考虑。本书从基本假设这个方面对上述三种贸易理论进行比较和总结，如表 2－1 所示。

表 2－1　　　　主流国际贸易理论发展阶段的比较和总结

<table>
<tr><th colspan="2">内容</th><th>传统贸易理论</th><th>新贸易理论</th><th>新新贸易理论</th></tr>
<tr><td rowspan="5">基本假设</td><td>需求方：消费者</td><td colspan="3">同质</td></tr>
<tr><td>供给方：企业</td><td>同质</td><td>同质</td><td>异质</td></tr>
<tr><td>产品</td><td>同质</td><td>异质</td><td>异质</td></tr>
<tr><td>竞争市场</td><td>完全竞争</td><td>不完全竞争</td><td>不完全竞争</td></tr>
<tr><td>规模经济</td><td>不是</td><td>是</td><td>是</td></tr>
</table>

表 2－1 表明这三种贸易理论假设条件呈现出不断放松的迹象，新贸易理论将传统的贸易理论中的产品同质、完全竞争市场以及规模经济假设进行了放松，新新贸易理论在此基础上又对企业同质假设进行了放松。虽然如此，这三种理论还存着一个共同点，均假设消费者需求是同质的。

二、消费者需求与国际贸易

1. 需求贸易理论

虽然主流国际贸易理论大致分为四个阶段，但是各个理论阶段中又包括许多细分的理论，如需求贸易理论。新古典贸易理论在需求设定方面假设每个国家的需求结构即消费者的偏好完全一致，并从供给方面进行分析，从而得出要素禀赋理论的相关结论。但是，产业内贸易对传统贸易理论的冲击使得一些学者从需求角度进行了研究，需求贸易理论便应运而生。

1848 年英国经济学家约翰·斯图亚特·穆勒将需求方面的因素引入国际贸易理论，并提出“相互需求论”。该理论认为，无论是怎么生产、怎样选择贸易决策，最终的受益者应该是消费者①。具体而言，把出口视为对方供给、进口则为本方需求，两国的贸易条件会随着双方的“相互需求”程度的变化而发生改变，如外国对本国出口的需求强度比本国对外国出口的需求强度越强会使得贸易条件对本国越有利，反之则亦然。虽然，“相互需求论”认为进口需求是贸易利得的关键因素，也是国际贸易理论中最早的“需求派”，但该理论仍属于古典贸易理论范畴。

2. 需求偏好相似论

斯塔芬·林德（Staffan B. Linder，1961）提出的需求偏好相似论，则被认为是真正基于需求角度分析的国际贸易理论，被称为“代表性需求理论”或“重叠需求理论”。该理论提出了“代表性需求”的概念，即在一定收入水平，一国对一种产品的需求可以分为很多不同的需求团体，而需求量最大的那个团体的需求就是“代表性需求”②。林德认为消费者行为对进口需求的差异可以用需求结构表示，收入水平决定了消费者的需求偏好，从而导致需求结构有所差异，但是仍有重叠部分。这就取决于两个国家间的收入水平相似程度，收入水平越接近，重叠部分越大，如一国生产的产品优先满足本国消费者，然后出口到国外，从而满足相似收入（导致相似偏好）的外国消费者。

这一理论为第二次世界大战后发达国家间的产业内贸易现象提供了一定的理论依据，同时还可引申为“林德假说”，即根据消费理论高收入消费者对产品差异性偏好的区间更大。具体而言，收入水平决定了需求结构，而高收入水平的消费者会增加资本密集型的产品，从而增加该产品的生产，满足本国消费者之后再出口给收入水平相近的国家。

---

① 笔者对这一观点持支持态度，而且最终受益者不只是国家整体福利，还应该是绝大多数消费者。

② 另一个角度，一国平均收入水平消费者的需求在该国的需求量最大，也被称为“代表性需求”。

3. 需求偏好相似论的验证

在需求偏好相似论问世之后，国外有很多学者对其理论进行了验证。塞勒斯、库雷斯基和克罗斯（Sailors，Qureski & Cross，1973）利用了秩类相关技术检验发现“代表性需求”与国际贸易之间具有相关性，却没有证实因果关系；科尔哈根（Kohlhagen，1977）选取人均国民生产总值、实际消费指数以及收入分配指标进行了验证；林内曼和比尔斯（Linnemann & Beers，1988）将进口贸易和出口贸易分类研究，结果是相似的且均符合“林德假说”。

还有很多学者选取国别人均收入的差额来衡量需求相似论，并在引力贸易模型的基础之上进行了分析，如阿拉德和赫什（Arad & Hirsch，1981）、阿诺和温布拉特（Arnon & Weinblatt，1998）等。在此基础之上，瑟斯比（Thursby，1987）考虑到了汇率波动因素的影响，对 1974～1983 年 17 个国家的双边贸易进行了研究，证实了人均收入相似的国家间的确会有更多的贸易行为。崔喆曜（Choi，2002）对 1970～1992 年全球 63 个国家贸易的面板数据进行了分析，并指出全球化的深化也支持了“林德假说”。扎佐索和莱曼（Zarzoso & Lehmann，2004）基于行业层面关于南方共同市场和智利对欧盟的出口贸易进行了研究，结果表明林德效应与赫克歇尔—俄林效应均起到作用，但是不同的行业两个效应的强弱存在着差异。

由于需求偏好相似理论研究对象为发达国家间的贸易现象，并没有涉及发展中国家，因此，需求偏好理论的一般性验证也逐步展开。阿尔农和温布兰特（Arnon & Weinblatt，1998）指出，发达国家与欠发达国家间的贸易存在着林德效应，而且低收入国家的收入相似与贸易需求的关系比高收入国家间的关系更强。麦克弗森（McPherson，2001）和布哈里（Bukhari，2005）分别对东非国家以及南亚三国的贸易数据进行了分析，均说明需求偏好相似理论具有一般性。

当然，并不是所有验证研究都能证实需求偏好相似理论是确定的，如将该理论延伸到产品质量方面，麦克弗森、雷德费恩和蒂斯劳（McPherson，Redfearn & Tieslau，2000；2001）并没有得到与“林德假说”相一致的结论。

三、异质性偏好与国际贸易

如前所述，主流的贸易理论并没有考虑到消费者需求的异质性，在经济学中消费者的需求影响因素有很多，如消费者的收入、自身商品的价格、相关产品的价格、预期等，但是为了方便分析，大多数贸易研究是通过偏好来衡量消费者需求，需求偏好相似理论也是如此。所谓偏好，指的是消费者出于自身幸福和满足感的要求，对不同商品呈现出不同的需求程度。不同偏好可以通过一定的消费需求或者对效用产生的不同贡献作用来表示，在经济学理性人假设条件下，对于无数商品自由组合满足的达到最大效用，也就表示了消费需求对总效用的贡献程度。

通常情况下，偏好的表现可以分为位似偏好、非位似偏好，非位似偏好又包括拟位似偏好（拟线性偏好）、分段位似偏好等。在位似偏好的前提下，消费者对商品需求的变化是一致的，这也导致了消费者是同质的。具体表现在所有产品具有单位收入需求弹性，这也是传统贸易理论最常采用的假定，特别是主流贸易理论。但是，亨特和马库森（Hunter & Markusen，1988）对所有产品具有单位收入需求弹性这一假定进行了实证分析，并得出位似偏好是不合理的结论。亨特（Hunter，1991）也得到了类似结论。本书将非位似偏好所有形式统称为异质性偏好，在这一前提下，消费者的需求行为也会存在着差异性，即消费者异质性。

1. 非位似偏好的应用

国际上，非位似偏好在国际贸易理论中的应用大多是将其引入经典的贸易理论进行扩展分析。松山（Matsuyama，2000）在李嘉图模型中假设偏好是位似的，即假设高收入的人消费更高区段的产品，并得出"南方国家的收入分配会提高其贸易条件并在损害北方国家福利的前提下获利"；德穆（Demmou，2007）、贾莫维奇和梅雷拉（Jaimovich & Merella，2010）也在李嘉图模型中作非位似偏好的假设，分别从技术冲击和产品质量梯度角度对国际贸易的影响进行了研究；费勒（Fieler，2011）在伊顿和科特姆（Eaton & Kortum，2002）模型中引入了非位似偏好，对162个国家的双边贸易数据在行业层面进行了分析。在赫克歇尔—俄林模型拓展中，钟丘（Chung，2003）考虑到非位似偏好和线性支出系统，基姆和特林达德（Kim & Trindade，2007）结合了拟位似偏好和分段位似偏好，古尔登（Gourdon，2009）则是纳入了技术差异、规模报酬、成本因素以及消费者异质偏好。也有一些学者对本国市场效应模型进行拓展分析，认为标准本国市场效应模型没有考虑到相对市场大小的作用，在纳入非位似偏好后可以发现相对市场和绝对市场是同样重要的（Chung，2002）。

有一些研究还考虑到市场结构的作用，马塞洛（Marcelo，2008）将拟位似偏好和垄断竞争模型结合，并纳入了劳动异质性的概念，分析收入不等对贸易模式的影响；费勒（Fieler，2007）将需求方和供给方相结合，对传统引力模型与微观现实的不一致性进行了验证，并放松了供需双方的位似性假设，研究分析了收入不等和中间品投入的现实。还有一些学者将非位似偏好与动态贸易模型相结合，比如库格勒和茨韦穆勒（Kugler & Zweimueller，2005）及科勒（Kohler，2010）等。

国内方面，异质性偏好在国际贸易方面的研究处于起步阶段，而且大多与需求偏好相似理论的分析视角类似，如关于偏好相似与国际贸易和集聚现象的研究，得到的结论也大体一致。

2. 非位似偏好与"消失的贸易"

近年来，"消失的贸易"是国际贸易研究中的一个重要方向，所以此处单独进行归纳。所谓"消失的贸易"指的是贸易中实际测量到的要素含量低于用赫克歇尔—俄林模型分析的预测值[①]。很多学者认为，不同国家对其具有比较优势的产品的偏好是不一致的，但是在位似偏好的假设下，赫克歇尔—俄林模型中假设各国贸易的要素与各自收入占世界收入的比重有关，会造成贸易中的要素含量预测误差，从而导致“消失的贸易”产生，这也为学者们利用非位似偏好研究“消失的贸易”埋下了伏笔。

钟丘（Chung，2005）[②] 基于“要素收入弹性”的视角，估计了人均收入与贸易中消费的要素含量之间的关系，并放松了赫克歇尔—俄林模型中位似偏好的假设，结果表明“消失的贸易”基本为0。迪诺普洛斯和下村（Dinopoulos & Shimomura，2007）[③] 将拟位似偏好引入两个国家、两个要素部门的完全竞争模型中，结果表明如果将奢侈品分为劳动力密集型和资本密集型，前者关于贸易中的要素含量预测值比传统预测值小，后者则相反。卡辛和西冈（Cassing & Nishioka，2009）放松了赫克歇尔—俄林模型中的技术相同和位似偏好的假设，发现位似偏好假设相对于技术相同假设而言会导致更多的“消失的贸易”发生，而且如果考虑到国家间的收入差距，赫克歇尔—俄林模型的过度预测程度与收入差距正相关。雷默和赫特尔（Reimer & Hertel，2010）利用国家特定技术矩阵估计方法和非位似偏好假设进行分析，认为由于现实中产品使用

---

① 在特雷夫莱（Trefler，1995）的研究中，对 33 个国家的贸易进行分析，这些国家的出口贸易占世界总量的 76%，它们的 GDP 占世界总量的 79%。特雷夫莱（定义了 9 种生产要素，分别是资本、耕地、草场和另外 6 个劳动力要素分类——职业和技术工人、文职人员、销售人员、服务业从业人员、从事农业的人员以及生产、运输和非熟练工人）。他对实际贸易流量和理论贸易流量作了详细的分析，发现同要素禀赋理论的预测相比，实际要素流动的规模更小，他把这一现象归为“消失的贸易”。

② 钟丘（Chung，2005）讨论了在非位似偏好可以解决“消失的贸易”的理论条件。但在他的模型中，线性支出系统的偏好、国家间相同的技术、人均收入和其估计的消费要素含量之间的关系太过简化，而且所采用的柯布－道格拉斯消费函数对于大范围的收入并不是十分适用。

③ 他们对拟位似偏好的假设将两种商品区分为奢侈品和必需品，并且保留着要素禀赋理论的有效性。

多要素以及中间品的组合，非位似偏好的“消失的贸易”解释作用不大。

3. 非位似偏好的表示形式

由于非位似偏好的形式不确定，导致其表现形式也不一致。松山（Matsuyama，2000）认为，产品是可以根据消费者的情况进行分类，如需求欲望、需求层次等，这样就可以表示非位似偏好。弗兰姆和赫尔普曼（Flam & Helpman，1987）认为，消费者对一个产品的偏好可由该产品的质量决定，也就是说产品质量的差异由价格高低决定，而消费者边际收入又决定了差异品的消费质量（不再是数量），这就导致了高收入与高价格产品联系起来。斯托基（Stokey，1991）、墨菲和施莱弗（Murphy & Shleifer，1997）及松山（Matsuyama，2000）也进行了类似研究并得到类似结论。

虽然，2003 年以后异质性企业理论盛行，但在较新的一些研究中，也有异质性偏好这方面的研究。有一些学者认为，不同的消费者对同一种产品的偏好也是存在差异的，即消费者偏好的不对称性，如下村（Shimomura，2010）和福岛（Fukushima，2009）采用了拟线性偏好，并将此纳入贸易模型的需求函数中。还有一些学者认为，同一个消费者对不同产品的偏好也是不一样的，奥塔维亚诺等（Ottaviano et al.，2002）、梅里兹和奥塔维亚诺（Melitz & Ottaviano，2008）认为，某一国家的需求函数随着产品改变而改变。而科米特等（Comite et al.，2014）将前面两类方法相结合，在梅里兹和奥塔维亚诺（Melitz & Ottaviano，2008）的消费者偏好不对称性基础上，引入国家间消费者异质性（假设每个国家有一典型消费者），对一国从事出口的数量和价格的影响进行了研究。

另外，米特拉和特林达迪（Mitra & Trindate，2005）在非位似偏好的假设下，指出需求对贸易模式至关重要，因为一国出口的产品是国内需求较少的产品，这与需求偏好相似理论的结论截然相反。在此基础上，达格林、米特拉和特林达迪（Dalgin，Mitra & Trindate，2008）在非位似偏好的结构下对进口需求进行了研究，并指出收入分配会影响进口需求，这是非常重要的。法杰格尔鲍姆、格罗斯曼和赫尔普曼（Fajgelbaum，Grossman & Helpman，2011）认为，消费者的偏好分布导致需求结构服从Logit分布，这就表明一些消费者会随着收入增加而购买更高质量的产品，从而使得富裕国家会生产更高质量的产品，并进入国际市场。

需要注意的是，在非位似偏好的贸易理论研究中，有一些文献为了让模型简单直观，便于分析，大多对效用函数采取特殊处理，如采用平方项效用：奥塔维亚诺、田渊和蒂斯（Ottaviano，Tabuchi & Thisse，2002）以及梅里兹和奥塔维亚诺（Melitz & Ottaviano，2008）等，当然，还有巴塔洛马（Bartholomae，2011），范、乐福里和米特拉（Pham，Lovely & Mitra，2014），德穆（Demmou，2012），菲尔米、亨普斯特里克和茨韦穆勒（Foellmi，Hepenstrick & Zweimuller，2010），科勒（Kohler，2010），文洋和张振华（2011），雷杰克（Rydzek，2013），雷默和赫特尔（Reimer & Hertel，2010），鲍晓华和金毓（2013）等也采取了类似的设定。

四、人均收入、收入分配与国际贸易

消费者异质性主要指的是消费者需求异质性，取决于消费者的偏好①，偏好的异质性是客观存在的，主要受到消费者的国别、民族、时代和个人特质影响，在此基础上，消费者就可以采取相应的经济行为。但是，偏好异质性只能进行定性分析，所以需要通过某种方法进行处理。很多基于需求角度分析的贸易理论刚开始时只关注国家间的收入差异性对国际贸易产生什么样的影响，随着实证检验方法的流行，越来越

① 虽然，消费者的需求受许多因素的影响，如收入水平、消费者偏好、替代品价格等，其中最主要的就是收入水平。但笔者认为，消费者在特定收入水平下进行消费决策还是取决于自身的偏好，所以进一步认为消费者异质性主要取决于消费者偏好。

多的学者认为一国的需求结构主要取决于该国的收入分配状态，这也为国际贸易理论中消费者异质性的研究作了铺垫。现有涉及消费者异质性国际贸易文献中，大多是选取收入差异来体现消费者异质性。巴托洛梅（Bartholomae，2011）指出消费者异质性对产业内贸易有影响，即贸易双方收入水平差异性越小产业内贸易越多，反之亦然。

1. 人均收入与国际贸易

这部分研究可以分为一国内的人均收入和国别间的人均收入对国际贸易影响这两个方面。马库森（Markusen，2010）指出，在位似偏好假设下，双边贸易现象完全可由总收入解释，但是，一旦放松位似偏好假设，就可以发现出口商品的收入弹性是大于 0 的，这就使得高人均收入的消费者需求倾向于资本密集型产品，而高收入国家会拥有高价格水平和利润。西尔文特和沃克（Silvente & Walker，2007）将“相似产品”与南北贸易模型相结合，对国别间的收入差距与南北国家间的新贸易现象进行了分析。费勒（Fieler，2007）认为，国家间的收入分配差异会使他们选择消费不同类型的产品，其中收入较高的国家倾向于收入弹性较高的产品，低收入国家相反①。塔拉索夫（Tarasov，2010）认为，国家发展水平和市场进入成本不仅可以解释基于国别人均收入差异的双边贸易中出现的“零贸易”现象，而且对一般的贸易现象的解释也具有一定的适用性。贝纳斯科尼（Bernasconi，2009）将 GDP 归纳为是人均 GDP 和人口的方程，并分别用这两个指标进行贸易广延边际分析，结果表明：人均 GDP 与贸易行为正相关，而人口与进口产品的多样性负相关②；两国间的人均收入水平越接近越能开拓新产品的贸易，即国家层

① 与“林德假说”不同的是，模型中的贸易量取决于产品有怎样的差别。在对参数的估计中，高收入国家的贸易更多，因为在这些国家高收入弹性的产品更加多样化，而低收入国家由于低收入弹性产品有很少的差异性，因此贸易量很少。

② 其对此的解释是，小国的资源相对较少，所以不能在本国生产足够多的产品类别，需要进口；而在大国资源相对较多，本国需要的产品类别大多都可以在本国生产。进口目的地的人口规模不会对产品进口的可能性产生影响，而人口越多，则越会出口更多种类的产品。

面的广延边际。

2. 收入分配与进口贸易

达格林、米特拉和特林达迪（Dalgin, Mitra & Trindate, 2008）将收入分配指标引入引力模型，并将产品分为必需品和奢侈品两类进行研究，最终得到的结论是：一国内收入分配差异化越大，奢侈品进口越会增长，必需品则相反；同时会使得来自高收入国家的进口增加，低收入国家则相反。崔、胡梅尔斯和钟（Choi, Hummels & Chong, 2009）对1999～2001年26个国家的相关数据进行分析，发现国家间的收入分配差异与两国的进口价格分布具有一致性。亚当、卡西米和穆托斯（Adam, Katsimiy & Moutos, 2011）在弗拉姆和赫尔普曼的商品分类的基础上，引入垂直差异的概念对可贸易商品进行了研究，结果表明：一国收入分配差异化越大对低质量差异品进口越会增加、高质量差异品进口则会减少，这与达格林、米特拉和特林达迪（Dalgin, Mitra & Trindate, 2008）的结论不一致。笔者认为，可能的解释是亚当、卡西米和穆托斯（Adam, Katsimiy & Moutos, 2011）更关注的是商品本身的质量而不是类型定位。崔、胡梅尔斯和钟（Choi, Hummels & Chong, 2009）以及贝克尔斯、弗朗索瓦和曼基（Bekkers, Francois & Manchin, 2012）分别提出一国收入水平与其进口质量和进口价格正相关。库格勒和茨韦穆勒（Kugler & Zweimueller, 2010）指出，收入分配差别应该考虑国内和国别间这两种情况，如果国别间的收入差别一致，国内差别严重的国家相对而言会有较少的进口需求。

3. 收入分配与出口贸易

众所周知，总需求不仅取决于人均收入水平，还受到收入分配的影响，所以用收入分配来说明需求成为目前较常用的方法①。由于一国的

---

① 值得注意的是，前者用国家间的人均收入差别来衡量国家间偏好的差异，而后者是用一国内部的收入分配情况来衡量一国内部的偏好差异。目前，有越来越多的研究从非位似偏好的假设出发，探讨收入分配与贸易模式之间的关系。

收入分配影响需求结构，从而会影响生产结构，最终影响出口行为，因此，大多数学者认为收入分配只能间接影响出口贸易。玛尼和黄金杨（Mani & Hwang，2004）认为，一国收入分配不等情况的恶化会增加该国对低技术产品的需求，从而使该国在生产这类低技术产品时具有更明显的比较优势，最终促进出口贸易的增加。拉泽尔和梅内里斯（Latzer & Mayneris，2011）指出，收入分配对一国出口贸易的影响受到该国的人均收入影响，也就是说人均收入水平较高时，收入分配不等对出口的影响更显著，因为收入差距恶化会使得消费者更倾向于高价、高质量产品，从而增加这类产品生产，最终导致出口增加。王玥（2013）在理论方面指出，一国收入分配差距的恶化会增加必需品的出口、减少奢侈品的出口，而在实证研究部分得出与之前理论分析相反的结论，其认为收入分配差距的恶化会减少低质量差异品的出口。文洋（2014）基于收入分配对进口贸易的影响进行了两方面的实证分析，一方面，对中国省际面板数据进行了分析，认为由于中国处于国际分工价值链的较低端，收入差距恶化使得中国的一般贸易品进口增加，而在高收入国家却出现相反的情况；另一方面，利用中国与45个主要贸易伙伴在1992~2005年之间的数据，证实了需求偏好相似理论的结论。

当然，还有一些文献从其他角度进行了研究，范、乐福里和米特拉（Pham，Lovely & Mitra，2014）与文洋、张振华（2011）分别提出收入差异与双边贸易以及贸易量之间的关系。佛米亚（Foellmia，2004）指出，收入差异对市场结构的调整有促进作用；安德森（Anderson，2009）认为收入差异对产品差异化有正向推动作用；马库森（Markusen，2011）指出，考虑到消费者异质性差异的贸易模型对“迷失的贸易”之谜也有一定的解释力；张彧泽、刘丽和谭学文（2013）认为，对外贸易的依存度与收入分配恶化程度正相关，而且收入分配恶化会导致对外贸易依存度变强。

五、社会、民生与国际贸易

虽然，经济发展的目的在于提高国民的收入水平，但是不同阶段关注的对象不一样：古典主义时期只注重物质财富的创造，新古典时期则关注资源配置和货币交换，之后社会福利越来越得到关注。金碚（2011）指出，经济活动的宗旨就是改善民生，但是这需要以物质财富创造和增长为前提，一般情况下，国际贸易实践会使得贸易双方均获益①，如调节各国市场供求关系、优化资源配置等。其中，国际贸易理论最为关注的就是整体福利水平，但是这个福利通常表示经济福利，可以简化工资收入与价格水平的比值。而现实中，福利水平则是综合指标，包括经济福利和社会福利等多个方面，特别是社会福利随着收入水平的提高越来越受到关注，如生活环境、医疗水平、子女教育等。虽然这些属于社会学范畴，但是随着学科交叉研究的不断深入，经济学相关的交叉学科不断涌现，如社会经济学、人口经济学、心理经济学、幸福经济学等。因此，本书将对相关的社会、民生与国家贸易的研究进行整理。

1. 幸福经济学②

消费者异质性与民生问题相结合这一类理论，又将经济学和社会学相结合，总体上，可以分为劳动经济学、环境经济学以及笔者所关注的幸福经济学。劳动经济学主要关注工资收入、就业情况等问题与经济发展之间的关系；环境经济学则关注的是环境指标与劳动生产乃至经济发展的关系；而幸福经济学可以视为前两者乃至更多社会问题与经济发展关系研究的合集。

---

① 国际贸易是一种互利活动，参与者均会获益，但是一般情况下获利多少取决于贸易条件。

② 陈世清在其著作《幸福经济》中指出幸福经济学是以人的幸福和社会可持续发展为经济发展的动力、标准、目的的经济学。

在标准的微观经济中，传统的效用主要依据是可观测到的个人选择，鲁宾菲尔德（Rubinfeld，1997）、弗兰克（Frank，2002）和瓦里安（Varian，2002）等认为效用主要取决于产品、服务和休闲，用效用函数来表示不同产品组合行为的个人偏好。更重要的是新古典经济学家希克斯（Hicks，1934）和艾伦（Allen，1934）提出了序数效用的概念并应用于需求理论和福利理论。然而，最近几十年，有些学者认为经济学中效用应以幸福感的形式被考虑，指出人不一定理性，有时可能因为错误的选择判断从而影响一个人的偏好以及将来的心情和行为。还有学者认为，个人不可能总是会选择自己最大的效用，杜森伯里（Duesenberry，1948）、赫什（Hirsch，1976）、克拉克和奥斯瓦尔德（Clark & Oswald，1998）认为与朋友和同事之间的收入比较在很大程度上会影响个人的效用结果。因此，经济学中效用的概念受到了很大挑战，由于经济学理论和实证中都对效用有很强的假设，这使得经济学受到了质疑。

研究个人效用的主观方法为经济学家提出了补充，因为主观财富比决策效用有更广的定义，其中包括了经验效用（取决于消费经验和以往的生活事件）、过程效用（取决于行为过程的效用）以及其他许多生活目标。在此基础上，研究幸福经济的学者们对幸福感与经济之间的关系进行了研究，基本上所有相关研究都来源于一个启发，即伊斯特林（Easterlin，1974）之谜：经济变好（人均 GNP），但幸福感几乎没变化。马克·安尼尔斯基①（Mark Anielski，2010）指出，虽然北美近 50 年来始终保持着经济增长和物质消费，而且在全球也比较领先，但是他们的幸福感和许多福利指标都在下降。

---

① 马克·安尼尔斯基，是一位幸福经济学家、企业家、教授，专门从事幸福（经济）评估研究，同时他也是安尼尔斯基管理股份有限公司总裁。2004 年，Adbusters 杂志称赞马克先生是国际前沿经济学家中的后起之秀。他开创了加拿大自然资本核算的先河，并最早提出关于经济进步的可供选择的措施，包括美国真实发展指数（GPI）和加拿大艾伯塔真实发展指数可持续幸福评估体系。

笔者对相关文献整理发现，幸福经济学的研究主要包括幸福感与效用之间的关系、幸福感的决定因素以及幸福感与经济发展的关系等方面。

（1）幸福感和效用之间的关系。在传统的经济学和国际贸易理论的研究中，个人的福利水平通常用“效用”来衡量，在此背景下，大多数学者对经济增长会提高人民幸福感基本达成共识。弗雷和斯图泽（Frey & Stutzer，2002；2003）、卡尼曼（Kahneman，2003）等大多数文献都表明幸福感可以很好地作为经济学中效用这个变量的代理变量，因此，可以利用幸福感这个指标对经济现象进行研究。田国强等（2006）将“攀比理论”与效用相结合建立相应模型进行分析，指出由于人存在着攀比心理，当收入增加超过某个临界值时，效用可能下降。

（2）幸福感的决定因素。关于幸福感影响因素研究的这类文献认为，幸福感的决定因素不是唯一的，如年龄、身高、相对收入、健康、自杀、宗教和居住模式等。阿莱西那、特里亚和麦卡洛克（Alesina, Tella & MacCulloch，2004），克拉克和奥斯瓦尔德（Clark & Oswald，1994；2007）等大多认为幸福感的决定因素取决于生活满意度，主要包括收入（可支配收入）、工资结构、年龄、性别、婚姻状况等，其中收入影响的研究较多。

收入影响主要基于绝对收入和相对收入两方面。伊斯特林（Easterlin，1974）就是在绝对收入的假设下得出了“幸福悖论”。但是，谢识予等（2010）对上述相应情况进行了分析，发现在控制了其他因素后，绝对收入对幸福感没有显著影响。为了解释“幸福悖论”，许多学者利用相对收入假设进行了分析。斯图泽（Stutzer，2004）认为相对于绝对收入，相对收入对主观幸福感的影响更显著。伊斯特林（Easterlin，2006）认为，个人的绝对收入与幸福感呈正相关，社会的平均收入却相反。罗楚亮（2009）基于2002年城乡入户调查数据发现，相对收入较绝对收入而言对幸福感影响更显著。潘春阳（2011）基于CGSS（2005）和CEIC（2005）

两类数据从收入差距和机会不均角度对“幸福悖论”进行了剖析，并指出提升居民幸福感可以从保障机会均等和缩小收入差距着手。

温克尔南（Winkelnann，1998）、弗雷和斯图泽（Frey & Stutzer，2002）以及阿莱西那等（Alesina et al.，2004）发现年龄和幸福感之间呈现出一种类似于“U”字的关系，即随着年龄增加，幸福感会先降低再增加，但是最低点有所差异。格雷厄姆和佩蒂纳托（Graham & Pettinato，2006）则发现不同国家的“U”字最低点也有所不同。但是迪顿（Deaton，2008）却发现并非完全如此，只有高收入国家会出现“U”字的关系，其他国家则没有具体类型的关系。迪顿和阿罗拉（Deaton & Arora，2009）利用盖洛普（Gallup）健康方式幸福指数，对美国2008年和2009年的45万个样本数据进行了分析，结果表明：高收入的人对自己生活评估会更好，从而呈现出正向积极的情绪并感到幸福。安尼尔斯基（Anielski，2010）认为，经济行为创造的真正财富应该是幸福感，而且幸福不能只用钱来衡量。徐映梅和夏伦（2014）对近20年关于中国的世界价值观调查数据进行分析，发现“幸福悖论”在中国是存在的，其中经济、家庭和工作因素影响作用较明显，并指出经济发展到一定阶段会促进社会发展，这就需要关注居民多层次的需求，进行综合发展才能促进幸福感提升。

当然，还有一些是关于生活环境与幸福感的研究。杜江、周少君和魏万青（2012）基于CGSS（2006）的大数据进行研究，发现城市房价的增幅越大居民幸福感越下降，住房质量和产权对幸福感提升有显著影响。

（3）幸福感与经济发展的关系。一方面，有些学者就经济发展对幸福感的影响进行了研究，大致出现三种结论：“幸福悖论”①、正面影响以及负面影响。伊斯特林（Easterlin，1974；1975）、布兰奇和奥斯瓦尔

---

① “幸福悖论”最先由伊斯特林在1974年发现，大概的意思就是收入水平的提高不能提升幸福感，即收入水平增加，幸福感几乎没有变化。

德（Blanch & Oswald，2004）以及麦克马洪和达林（McMahon & Darrin，2006）等发现在一定的收入水平下，无论什么类型的国家，其国民幸福感与收入水平显著正相关，但当高收入国家的人均 GDP 高于 1 万美元时，就会出现"幸福悖论"现象。但是，迪顿（Deaton，2008）基于全球 123 个国家的数据进行研究，并没有发现"幸福悖论"的现象，同时指出人均 GDP 大致上与幸福感间存在正向线性关系。龙柏林（2012）指出，幸福感与经济发展之间是一种复杂的合力关系，也就是说经济发展并不肯定使人们更幸福，但是有一些措施在一定程度上会使两者关系正相关，如政府可以更为关注对国民幸福（GNH）和经济发展（GDP）包容性更强的政策。迪顿（Deaton，2013）指出，虽然不存在"幸福悖论"，但是经济发展与幸福感不完全对应，特别是经济增长速度较高的国家，幸福感的提升很难察觉甚至出现倒退现象。迪顿（Deaton，2010；2012）基于 2008 年金融危机这一特定背景研究发现，金融危机的发生导致财富缩水，这一冲击使得经济增长对幸福感出现负面影响。迪顿和斯通（Deaton & Stone，2013）认为，伊斯特林的"幸福悖论"是从"相对收入"进行考虑的，但是整体的"相对收入"和每个人关于收入对生活的评价并不等同。艾金、阿次奇特、迪顿和鲁莱特（Aghion，Akcigit，Deaton & Roulet，2015）发现经济增长的模式对幸福感也有影响，创造性的破坏[①]影响劳动力市场环境，质量提升型的创新会促进经济增长。此时，高人口流动率会直接影响就业率从而降低幸福感，对未来收入的增长也会有间接影响，从而提升幸福感。马汴京和蔡海静

① 指的是奥地利经济学家熊彼特在 1912 年提出的创造性破坏理论，他认为企业家就是"经济发展的带头人"，也是能够"实现生产要素的重新组合"的创新者，将企业家视为创新的主体，其作用在于创造性地破坏市场的均衡（他称之为"创造性破坏"）。他认为，动态失衡是健康经济的"常态"（而非古典经济学家所主张的均衡和资源的最佳配置），而企业家正是这一创新过程的组织者和始作俑者。通过创造性地打破市场均衡，才会出现企业家获取超额利润的机会。熊彼特指出经济创新过程是改变经济结构的"创造性破坏过程"。他还指出经济创新不断地从内部使经济结构革命化，不断地破坏旧结构，不断地创造新结构。

(2014) 利用 CGSS (2008) 的数据检验了经济全球化对中国国民幸福感的影响，并指出经济全球化可以通过一些方法来提升幸福感，也就是说经济全球化只能间接提升幸福感，如降低失业率、通胀率、收入差距，增加收入等。

另一方面，有些学者关于幸福感对经济发展的影响进行了研究。埃尔斯特（Elster，1998）、勒文施泰因（Loewenstein，2000）、博斯曼和范文登（Bosman & Van Winden，2002）、埃尔马林和伊森（Hermalin & Isen，2008）以及基希斯泰格（Kirchsteiger，Rigotti & Rustichini，2006）等的研究，主要通过相关指标的变化来体现对经济发展的作用，如教育程度差异和性别失衡等指标可以影响一个人的幸福感（心情），从而影响一国经济的发展①。李树和陈刚（2015）认为，幸福感是经济活动的宗旨也是经济行为的影响因素，如幸福感的提升可以提高就业率，并指出如果经济转型为以民生和幸福感为目标可能不会影响中国的劳动力市场。但是，总体而言此类文献还比较少，与国际贸易相关的研究几乎没有。

2. 其他方面

无论是在经济理论和实证分析方面，还是政府关注焦点都体现了 GDP 的重要性。但是现实中，由于 GDP 仅能表明经济发展速度和规模，未体现民生的幸福指数，由此引发的争议也越来越大，因为，GDP 增长背后的最终目的是提升民众的生活水平，这一观点得到学界广泛认可，也就是说 GDP 忽略民生方面的体现。塔伯斯和博哈拉（Talberth & Bohara，2006）以及贝尔格（Bergh，2009）等认为，GDP 不仅不能反映经济发展、社会效率的提升以及福利水平的增加，也不能反映所有的经济活动和收入分配。鲜祖德（2012）指出，GDP 的局限性表现在对经济增长的质量、经济增长的社会成本以及一个地区或国家的社会福利水平无

---

① 笔者认为这应该属于行为经济学范畴。行为经济学将认知心理学的研究成果融入经济学，旨在研究不完全竞争市场中的投资、消费、价格变动等经济现象。

法准确反映；李晓西（2012）等则认为，GDP作为衡量指标对进出口贸易的实际贡献测度不能完全体现。因此，程恩富（2010）指出，发展的最终目的不仅体现在对GDP增长的追求，更应该关注人民的实际福利水平以及国民幸福感的不断提高，这一观点实质上突出了GDP含金量的重要性和合理性。韩彪、周光伟（2012）认为，只有含金量富足的GDP才能体现真实的经济发展。

关于GDP含金量公式有多种形式，杨开忠（2010）指出，先用“当地GDP”/“常住人口”得到“人均GDP”，然后再用“人均可支配收入”/“人均GDP”即可求得人均GDP的含金量，或是居民收入方面的幸福感指数。但龚六堂认为，在经济增长中GDP含金量应强调居民收入的增长，这也是居民幸福感的重要来源。韩彪、周光伟（2012）对GDP含金量的相关文献进行了整理，并罗列出相应的公式：

$$\text{GDP 增加的净值} = \text{新增的 GDP} - \text{消失的 GDP}$$

$$\begin{aligned}\text{有效 GDP} = \text{GDP} &- \text{资源消耗的价值} - \text{污染环境的价值}\\ &- \text{其他负效用产品和劳务价值}\\ &- \text{浪费的产品和劳务的价值}\end{aligned}$$

$$\text{有效 GDP} = \text{GDP 总量} \times \text{先进率}$$

$$\text{先进 GDP} = \text{GDP 总量} \times \text{先进率}$$

$$\begin{aligned}\text{某年有用性 GDP} = \text{该年 GDP} &- \text{该年生产过程对自然资源的消耗}\\ &- \text{该年生产过程完成时国民财富的净损失}\end{aligned}$$

另外，除了幸福指数，国际上衡量一国社会发展指标还有民生发展指数①，2011年，为了科学改善和发展民生，提高国民幸福指数，唐任

---

① 也称为发展与民生指数（development and life index），这一指数是要测度中国的发展和民生状况，包括经济发展、民生改善、社会进步、生态文明、科技创新、公众评价等6项一级指标，45项二级指标。其中民生改善模块设置了收入分配、生活质量、劳动就业3项二级指标；社会发展模块设置了公共服务支出、区域协调、文化教育、卫生健康、社会保障、社会安全6项二级指标。

伍等结合中国国情，构造了一套监测民生发展的测算体系，即“中国民生发展指数”。相较于GDP含金量而言，发展与民生指数（DLI）则更为全面，不仅考虑到了GDP的作用，更是结合了民生改善、经济与社会发展、生态建设等多个方面对一个地区的发展和民生改善情况进行了全面评价。

无论是GDP的含金量还是DLI都反映了对民生的关注，也考虑到一个地区的经济消费能力，不同的地区都有所差异，这就体现了消费者的异质性。因此，除了幸福指数以外，GDP含金量以及地区发展和民生指数也为本书选择消费者异质性的衡量指标提供了一定依据。

第二节　文献评述

一、文献评价

首先，就国际贸易理论发展而言，大致可分传统贸易理论和当代贸易理论，前者包括古典理论和新古典理论，后者则主要包括新贸易和新新贸易理论这两个阶段。传统贸易理论主要基于完全竞争市场等假设，对产业间贸易进行了重点解释，并强调国际贸易使得贸易双方均受益；新贸易理论基于产业内贸易等新的贸易现象，从不完全竞争的市场结构、技术进步以及规模经济等角度进行了分析；新新贸易理论则将研究的主体更加细化，主要关注微观企业层面和国际投资现象，其理论主要可以分为异质企业模型以及企业内生边界模型。无论是克鲁格曼（Krugman，1980）、赫尔普曼和克鲁格曼（Helpman and Krugman，1985）、格罗斯曼（Grossman，1990）还是梅里兹（Melitz，2003）和安特拉斯（Antras，2003），都对国际贸易理论研究发展做出了很大的贡献，从供给角度丰富了前人的理论，在一定程度上解释当今国际贸易的普遍现象。但是，这些学者们大多忽视了需求方对贸易理论的影响，假设偏好是同位相似的，也就是说消费者的消费倾向是一致、无差异的，需求的效应①被严重弱化。比如，如果以收入衡量的话，消费者对于不同产品有不同的收入弹性，而且不同消费者对同一种产品也不一样，从而对贸易和经济增长产生影响；但是如果这一环节被忽略，消费者的行为就不会引起经济增长和收入分配，更不可能改变产品的结构，如产品升级、质量差异化等。这一缺失使得理论模型难以解释已经被验证的贸易现象，实质上这就是一个悖论②。因此，对贸易现象的分析中引入需求方面的因素是必要的。

梅里兹（Melitz，2003）指出，企业的生产率水平决定了该企业的市场行为，如果企业有最高的生产率，既可选择出口也可在国内市场销售产品，则生产率次之的企业会选择国内市场从事经济活动，生产率最低的企业则会退出市场。因此，贸易使行业的平均生产率提高，同时还会使产品品种变多，最终使社会的福利水平上升。效率方面的企业异质性已被证实对企业出口有非常重要的影响，虽然这一结论得到很多学者的支持，但是成本（生产率）因素并不能解释所有的贸易现象，其最大的可能就是这一类研究都假设了消费者是同质的，忽略了消费者需求方面的异质性。

其次，虽然在国际贸易研究中关于消费者需求方面的也有不少，但是这些理论被视为非主流，而且没有较完善的理论体系和结论。就林德假说而言，林德不仅分析了总需求，还在非位似偏好的假设下对

---

① 有学者指出最主要的是需求的收入效应，但是笔者认为除了收入，家庭背景、工作环境、性别等都对消费者的消费有明确的影响，所以这里使用“需求的效应”。

② 笔者认为的悖论指的是已有文献假设消费者同质，仅从企业异质性分析产品的结构变化。但是，如果没有消费者异质性的带动，就不会产生产品结构升级。所以，不是对已有文献理论价值的否定，而是为了分析的便利。

生产产品数量进行了研究，结论表明：当一个经济体中生产的产品品种越多，那么需求收入弹性的变化就越大，因此，当收入水平只有很小的差别时，其需求结构可能有很大的差别。与之不同的是，在许多位似偏好的模型中，收入水平的变化并不会对需求结构有任何影响，也就是说收入改变可能改变其消费量，但是并不能改变原有的需求结构。

在此基础上，偏好异质性的研究就铺展开了，许多学者利用偏好异质性进行了研究，并发现将异质性偏好纳入贸易理论模型中，不仅可以充实已有贸易理论，还能解释和验证一些难题，如“消失的贸易”等。但是，这里所涉及的偏好异质性大多只是一个定性的概念，有些学者在构造理论模型时，将需求函数设定成特定的形式，如平方项法、参数交叉项法。为了更好地描述偏好异质性，很多学者基于劳动力类型、收入类型等来刻画消费者的类型，从而说明消费者在偏好上会有所差异，其中最多的一类就是利用人均收入方面的指标。但是，影响消费者偏好的因素有很多，如收入水平、自身特性（性别、年龄等）、外部环境（就业压力、工作环境、生活压力）等。因此，选择单一方面来衡量就可能有失偏颇。

由于经济全球化，学界在国际贸易方面越来越关注人均收入、收入分配的研究，而且研究角度也不断细化，如相对收入与绝对收入、国别间的差异和一国内的差异等。同时，研究对象也从简单的贸易流量分析，扩展到贸易结构、产业内贸易、产品质量、市场结构等。这些研究不仅丰富了贸易理论，还为笔者提供了一些研究思路。经济全球化使得经济水平达到一定的高度，但是一些问题不断呈现出来，特别是一些社会和民生问题，不再是追逐单一的GDP等经济指标的提升，这也使学者们开始强调经济发展的真正宗旨。虽然，国际贸易实践会使贸易双方或多或少都获得经济福利，理论方面也说明能提高贸易双方的国家经济福利，但是却忽视了个体福利和非经济福利。

二、启示

正如前面所述，笔者觉得对自己的研究有一定的价值。经济发展的好处最终应该落实到消费者方面，而且经济发展的宗旨也能反映这点。这就说明，在国际贸易理论的研究中考虑消费者方面是必要的，这也是对过往研究的补充和发展。对于消费者的概念而言，不仅局限于个人层面，如果假设不管哪个层面的消费者都是以“效用”为决策依据，还可以扩展到多层面，这也为国际贸易在宏观层面的研究提供了些启示。当然，对于消费者而言，偏好也很重要，这也决定了消费者异质性的存在。对于国际贸易研究而言，社会民生是发展的宗旨已得到广泛的认可，那么对民生问题的衡量就超越了 GDP 的界限。而本书研究的切入点就是如何将消费者的异质性纳入贸易理论研究中，并能与民生问题相结合。

由于民生问题对于消费者而言非常重要，它可以影响消费者的经济行为，而消费者的行为又会影响贸易和经济发展，从而进一步改善民生。这可以视为一个循环体，因此，消费者的一些特性可以较好地刻画民生问题。对于不同的消费者有可能体现的民生问题不一样，这就形成了一定的差异性。故本书将用消费者异质性来体现民生差异，即选取民生指标来衡量消费者异质性。

因此，在对大量文献进行整理之后，笔者得到一定的启示。一方面，中国经济快速发展主要依托对外贸易的发展，新常态经济也离不开贸易发展，而新常态经济关注的焦点是民生问题，这应该纳入贸易研究中。另一方面，由于贸易理论对很多贸易现象无法进行解释，在一定程度上主要取决于消费者同质性的假设，表明消费者异质性也应该纳入贸易研究中。民生问题的主体是国民，在贸易实践中主要扮演消费者的角色，而消费者由于外部和内部的因素差异导致最终行为差异，表明了消费者异质性。所以，消费者作为中间桥梁就可以将民生问题与国际贸易研究结合起来，这就是本书的主要逻辑。

基于以上逻辑，本书试图将消费者异质性纳入贸易理论分析之中，并选取相应的指标来衡量消费者异质性，在此基础上研究中国的出口贸易、进口贸易以及省际层面的进口贸易。

第三章　相关定义阐述与消费者异质性衡量

2012 年开始，中国 GDP 告别了 30 多年约 10% 的年均增长速度，2012～2018 年增长速度分别为 7.7%、7.7%、7.4%、6.9%、6.7%、6.9% 和 6.6%。虽然由于外部短期因素的冲击，使得 GDP 增长速度在之前的 30 多年有 3 次连续 2～3 年低于 8%，但是很快又回归到高速增长的轨迹。这一次却与以往不同，不再是经济周期中的下行区间，而是发生了经济增长的阶段转换。这就需要做到：首先，从经济发展本身出发，寻找合理的发展区间，使经济实现科学、合理的增长；其次，维持好社会发展的稳定，如保证物价稳定和充分就业；最后，经济发展促进居民收入增加是不可改变的，但可以兼顾经济发展质量和效益的提升，以及生态环境的改善等。因此，我们必须要有可持续发展的眼光，以利于解决现实的难题，如完善和发挥市场机制，把经济发展提升到提质增效层面，从而促进产业升级、结构调整等。

中国经济 40 年的高速发展都是以追逐 GDP 增长为核心，包含着“一切向钱看”的态度。陈世清（2015）认为，经济发展应从金钱、价格、GDP 增长和效率为核心的发展模式向以人民幸福、价值、可持续发展和效益的模式转变。只有这样发展经济，回归经济①的本质，即经济

① 所谓经济，就是价值的创造、转化与实现，人类经济活动就是创造、转化、实现价值，满足人类物质文化生活需要的活动。

发展的最终目的是满足人民日益增长的物质文化生活的需求，而不仅仅是物质财富需求。因此，在发展中切实考虑人们的民生问题是经济与社会发展的最根本目的，这与民生问题越来越受到关注的现实相吻合。经济发展的背后始终是民生体现，这就需要将改善民生问题提高到更高的关注角度上，如小到生活便利、大到社会建设。由于民生主体在经济市场上是消费者，这也会对经济中的需求扩展和发展提供潜在动力。因此，我们应该从经济发展促进收入增长的角度，扩展到社会保障、医疗和卫生体系的发展以及教育体系和公共建设方面的完善。同时，还需要推进涉及民生领域的重大改革和发展举措，用改善民生的新成果，兑现发展为民的理念和承诺。

在这样的大背景下，为了保证经济更好地发展，必须将经济发展特别是中国贸易的发展与中国民生相结合，将民生问题与国际贸易理论相结合。由此，笔者提出了消费者异质性这一说法。本章首先对消费者异质性涉及的相关定义进行阐述，然后从不同层面出发，将消费者从个人层面进行扩展，再对不同层面的消费者异质进行相应描述。

第一节 相关定义阐述

对消费者异质性这个概念，笔者将从消费者、同质性与异质性以及消费者异质性这三个方面进行分析。

一、消费者的定义

（一）一般性定义

消费是一种行为活动，是社会再生产过程中一个必不可少的环节，也是最终环节。一般而言，消费就是利用产品来满足消费主体各种需要的过程。而消费者的定义在不同学科中有所差异，在各国法律和各国不同部门中表述不尽相同。简单而言，就是使用和消耗产品的人，与生产者和销售者的定义相对应，但是，消费者与生产者及销售者不同，消费者必须是产品和服务的最终使用者。

如果以经济领域为确认标准，消费者指的是在消费领域中为了满足生产或者生活所需而消费的相关物质资料的行为主体，不仅包括自然人也包括法人，不仅包括生活消费还包括生产消费。

如果以消费目的为确认标准，以非商业性目的进行购买或使用商品和服务行为活动的人就被认为是消费者，如江苏颁布的《保护消费者权益条例》规定消费者是“有偿获得商品和服务用于生活需要的单位和个人”、福建则规定是“有偿获得商品和接受服务用于生活需要的社会成员”。但法人和组织并没有被排除在这类定义之外。

如果以自然人为确认标准，则消费者的定义就不再是以消费目的为唯一标准了，如美国的《布莱克法律词典》就定义了消费者的概念，指出消费者只是那些购买、使用以及配置相关产品或服务的个人；1978年，日内瓦召开的第一届“国际标准化组织消费者政策委员会”年会上，对“消费者”的概念进行了定义，并指出消费者是“为个人目的购买或使用商品和服务的个体成员”；“消费者”在俄罗斯联邦《消费者权利保护法》中则被认为是“使用、取得、定作或者具有取得或定作商品（工作、劳务）的意图以供个人生活需要的公民”。

上述三种对消费者定义标准，均包含两个要件，即消费者主体的范围和消费行为。但是，结合多方面研究可以发现，各国关于消费者的界定都有一定的历史，随着经济的发展和新的市场形势的出现，消费者概念也需要进行延伸和拓展。

（二）定义的延伸

为了使这些规范构成逻辑和价值融通的一体，德国立法者于2000

年将消费者概念在其民事基本法《德国民法典》总则部分予以规定，即第一章“人”分为“自然人、消费者、生产者”和“法人”两节，将原来的第一节“自然人”改为“自然人、消费者、生产者”，其中第13条对于消费者概念进行了界定：“消费者是指既非以其营利活动为目的，也非以其独立的职业活动为目的而缔结法律行为的任何自然人。”《德国民法典》的这种做法，改变了此前消费者概念分散界定的模式，建立了一个一体化的消费者概念。采用这种一体界定消费者概念的模式，能在很大程度上避免各种规范分散界定消费者概念的不一致，以及在解释适用上的分歧。

目前，中国《消费者权益保护法》只界定了消费行为，在第2条关于调整范围的规定中对消费者进行了间接提示：“消费者为生活消费需要购买、使用商品或者接受服务，其权益受本法保护；本法未作规定的，受其他有关法律、法规保护。”按照这一规定，立法者似乎将消费者理解为为了生活消费需要购买、使用商品或者接受服务的人。因而，有学者将消费者界定为：“为生活消费需要购买、使用商品或者接受服务的居民。”也有学者认为：“为生活消费的需要而购买商品或者接受服务的自然人。”这两种界定其实是一致的，只是在表述上略有不同而已，因此可以作为一种观点对待。此外，还有学者借鉴比较法上的经验对上述界定予以适当扩张：所谓消费者是指非以营利为目的购买商品或者接受服务的人，上述两种界定都存在一定的问题：行为要素界定过于狭窄、主体要素界定过于狭窄。笔者认为，消费者可以是上述行为的公民个人和单位。

从我国学界关于消费者概念的既有界定可以看出，消费者概念包含两项要素，即人的要素和行为的要素。一方面，消费者并非一种并列于自然人的独立主体，也不是并列于自然人和法人的独立主体，而是依赖于既有的法律主体，是既有法律主体通过作出某种法律行为获得的身份，因而内含着人的要素。另一方面，既然消费者是与特定法律行为相联系获得的一种主体身份，那么消费者概念中另外一个核心要素就是使自然人等有法律主体获得消费者身份的特定法律行为，也就是行为的要素。对于消费者行为，美国专家迈克尔·所罗门等（2010）指出，消费者行为学涉及很多方面，主要是研究个体或群体为了满足相应的需求和欲望而挑选、购买、处置商品服务和观念等所涉及的过程①。其中，消费行为的主体不仅指的是消费者个人，还可以是一个群体。冯·希佩尔（Von Hippel，2011）也认为，消费者不仅指个人，还应包括群体，并在此基础上对消费者创新进行了研究。所以笔者认为，如果要进行国际贸易研究，就要对消费者的主体范围进行扩展，不仅可以指家庭或个人，还可以指单位或组织群体，甚至可以指城市、省份或国家。由于人生活的聚类性，可以将每个城市、省份或国家假设为一个典型的消费者②。因此，消费者异质性就可以体现在个人、省际或国家等层面，而所谓的异质性则可以从影响因素和最终的行为决策两方面进行说明。

二、消费者异质性的定义

（一）同质性和异质性

关于经济学性质的讨论由来已久，但始终未有令人信服的结论。现实中许多经济学理论，主要表现在“同质化”上，从而引起很多质疑。所谓同质化，是指这样的一种经济学，这种经济学把所研究的对象看作是同质性的对象，很少考虑和基本不考虑这个对象的变化性，即使是考

---

① 观点原出处是迈克尔·所罗门、卢泰宏和杨晓燕2014年由中国人民大学出版社出版《消费者行为学》（第10版），但是本书引用的是卢泰宏和周懿瑾2015年出版的《消费者行为学——中国消费者透视》（第二版）。

② 笔者认为，将一个群体视为一个典型的消费者，消费者的行为可以由群体的“平均值”或“总体值”表示。

虑了对象的变化性，但考虑不够周全，或者说假设条件过多，进而达到对象的同质化，进而有利于得出结论。简单而言，同质性可以理解为无差异性、没有区别。与同质性相对应的则是异质性，可以理解为差异性、有差别。在传统的经济理论中，"有限理性经济人"指出人是"同质"的，即所有人的行为、性质或者特征都是一样的，人与人之间具有完全可替代性。但是，现实中人与人之间的差异性也是很明显的：作为经济主体的人由于先天的基因、后天的教育、家庭、收入等外部环境的不同，导致人在不同方面的表现能力也有所差异，如由于学习能力的不同导致在行为上存在差异，从而影响收入能力，进一步影响消费需求能力，这就是所谓的异质性。

一般来说，异质性是对变化的一种把握，是将变化的性质科学化、规律化。根据异质发生学，世界进化都是物质进化，在一般进化过程中，物质不断组织成新的系统凸显出新的性质即异质性。这是一种新的世界观和方法论，也是一种新的变化观。经济学属于复杂科学，复杂科学都具有其特有的复杂性。经济学的复杂性体现在它的异质性上，经济学的异质性主要来自经济学所研究对象的变化特性上。

异质性是经济学最近十多年研究的一个重要视点。经济学关注异质性最早着眼于人本身，即人的能力差异。劳动经济学研究者提出这样的看法，人的能力大小有别，因而劳动市场也带有某种"垄断竞争"的特征。表面上看似无差异的劳动力，但由于技能差异，外加观念不同，此劳动力不同于彼劳动力。区分劳动者能力的可计量指标是人力资本含量，而后者又和劳动者受教育程度以及工作年限直接相关。综合考虑教育年限和工作经历，把劳动者分出类别，称之为"劳动的异质性"观点。

随着贸易理论研究的发展，异质性假设不断被纳入分析模型中。异质性大致可以分为：企业异质性、劳动力异质性以及消费者异质性等。

企业异质性表现在企业规模、产品质量、员工技能、组织形式、企业家才能等诸多方面，综合地体现为企业边际生产成本或生产率的差异（Melitz，2003）。劳动力异质性主要体现在劳动者的技能差异（Mori & Turrini，2005）。消费者异质性表现为消费者个体之间消费偏好、年龄、性别、收入禀赋等方面的差异（Tabuchi & Thisse，2002）。

（二）消费者异质性

如前所述，消费者异质性表现为消费者个体之间消费偏好、年龄、性别、收入禀赋等方面的差异。同时，消费行为的主体不仅指的是消费者个人，还可以是一个群体。因此，消费者异质性可以体现在多个层面，如微观层面、区域层面、省际层面以及国家层面等。

总体而言，消费者异质性主要体现在消费行为上，而这些行为取决于消费者的自身条件。微观层面的消费者异质性可以理解为由于每个人的条件（收入、财富、偏好、幸福感等）存在着差异会使得消费决策有所区别，如高收入者需求能力和低收入者不一样。省际或国家层面的消费者异质性可以理解为省际或国家的自身条件差异使得消费需求有所不同，如同一年进口需求有所差异，以 2013 年服务进出口贸易为例：美国总额高达 11495. 44 亿美元，并位居世界第一；中国紧随其后，总额为 5388. 73 美元①，仅是美国的一半都不到。就同一消费者而言，在不同时期其消费需求表现也会有所差异，如中国 1978 年进出口总额为 206. 4 亿美元，到了 2013 年中国进出口总额为 22090 亿美元②。就中国地区经济贸易发展而言，2014 年中国东部、中部和西部的发展差异很明显，其中，中部地区和西部地区进出口贸易额分别为 3127 亿美元和 3344 亿美元，增长速度则分别是 10% 和 20. 2%，两个地区进出口贸易总额占全国

① 《世界贸易组织》（2013）。

② 《中国统计年鉴》（2013）。

进出口的比重仅为15%，较2013年比重上升了1.5个百分点，对整体进出口贸易增量贡献60.3%，贡献率首次超过东部地区；后者进出口贸易总额高达3.66万亿美元，增长1.6%，占全国进出口总额的85%，但是同比下降1.5个百分点。

第二节　消费者异质性的衡量

本节将对消费者的异质性从微观个体层面、区域层面和国家层面进行一系列描述，从而说明消费者异质性是确实存在的。虽然，本书第四至第七章由于研究需要，主要将消费者异质性定位在非微观层面，但是，本章仍将微观层面的消费者异质性考虑其中，从而说明消费者异质性在不同层面均存在差异性。

一、微观个体层面的消费者异质性

由于互联网化不断发展，大数据时代已经来临，卢泰宏和周懿瑾（2015）指出人类正进入一个新的时代，即大数据时代，消费者行为正在不断发生变化，数字化消费者行为也不断得到发展。所谓的大数据就是指海量、高增长速率和多样化的信息资产，并在全新的处理方式下可获得更强的决策力、洞察力以及流程优化能力①。在中国，消费者相关统计体系和研究已经起步，本节将基于淘宝大数据②来说明这一层面的消费者异质性。

---

① Douglas Laney, 2012. "The Importance of 'Big Data': A Definition".

② 淘宝联合第一财经商业数据中心发布的《中国消费趋势报告·2015》。报告以2011~2015年淘宝网全网数据为基础，涵盖了消费趋势、人群解读和八大行业，发布数据的规模堪称业界之最。

（一）不同的年龄段的消费者异质性

根据淘宝对目标人群的统计，最主要的购买群体集中在20世纪70年代、80年代以及90年代出生的人，也就是“70后”“80后”以及“90后”这三个年龄段。虽然这三个年代的人群既是社会人口构成的重要组成部分，也是电子商务的主要消费群体，但是他们在精神面貌和消费选择上有不同的表现。卢泰宏和周懿瑾（2015）对中国世代消费行为进行了研究，发现不同年龄段对数字化消费即电子商务呈现出不同的特征，“70后”正值壮年、“80后”年富力强、“90后”朝气蓬勃①。具体而言，“70后”的消费人群具有较高的消费能力和欣赏品位，同时由于他们在线消费行为主要表现为以家庭为核心，使得他们也具有精打细算的特征；“90后”的消费人群由于工作刚起步且各方面压力也刚开始，此时性格也是他们行为不可或缺的因素，在消费方面作为最年轻的也是最活跃的一群消费者，他们具有较强的个性需求，消费商品时大多注重它们的社交性、娱乐性和便利性，而且对新兴商品具有较高的接受度；“80后”现在已成为社会发展的中坚力量，也是消费人群中绝对的主力，所受的压力也是多方位的，这就使得这个年龄段的人消费理念结合了“70后”消费者与“90后”消费者的特征，也就是说既会考虑实用性、实惠性，也会考虑个性方面的需求。本节后述仅考虑这三个年龄段的相关情况，其他年龄段不在统计范围内。

1. 消费人数差异与消费能力差异

所谓消费人数的差异指的是所有消费的成交人数中各年龄段所占比

---

① 在联合国世界卫生组织对年龄段最新的划分中有五个阶段，分别是45岁以下为青年；45~59岁为中年；60~74为年轻的老人或老年前期；75~89岁为老年；90岁以上为长寿老人。这五个年龄段的划分，将人类的衰老期推迟了10年，这对人们的心理健康和抗衰老意志将产生积极影响。但是这类划分没有考虑中国人习惯的年代性，因此本书认为“70后”正值壮年、“80后”年富力强、“90后”朝气蓬勃。

重有所不同。消费能力差异指的是不同群体所消费的金额占总消费金额比重有所差别。消费行为的影响因素有很多，如果从二因素论出发，因素来源于消费者内部和外部，或者说是个人因素和环境因素。希斯－纽曼－格罗斯（Sheth-Newman-Gross）消费价值模型①指出，消费者消费行为有五种核心价值，包括功能价值、社会价值、情感价值、认知价值和条件价值。因此，基于消费因素和消费价值，不同的消费者的行为会有所差异，如不同年龄段、不同性别和不同地区的消费者会在消费人数和能力方面有所差异。

从图3－1可以看出，对于成交人数占比而言，"80后"和"90后"是消费人群中的决定主力，"70后""80后"以及"90后"的消费成交人数占比分别约为15%、45%和40%。对于销售额占比而言，排序从大到小依然为"80后""90后"以及"70后"，与成交人数比重有所不同

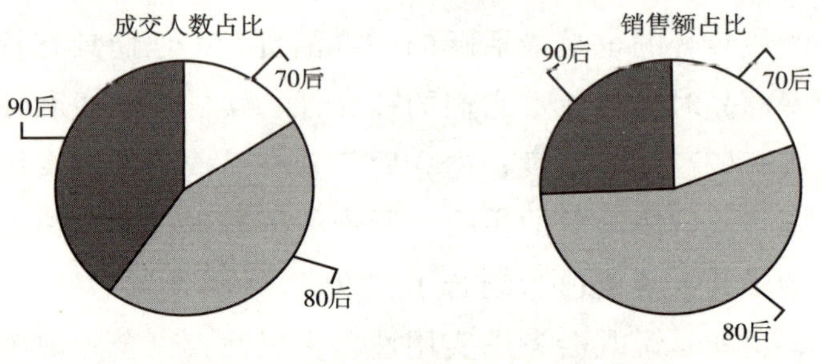

图3－1 消费人数差异与消费能力差异

注：据了解，最初产出的数据报告，由于分析太过详细，涉及的数据太过核心，第一轮数据安全的披露会议几乎被全部驳回。对于电子商务而言，这些数据都是公司最核心和机密的数据，如图表过于精细，风险太高。因此，在最后版本中很多数据没有显示出来，只能做出直观的比较。这部分涉及的数据均是估计值。

图3－1～图3－6资料来源于淘宝联合第一财经商业数据中心发布的《中国消费趋势报告·2015》。

---

① Jagdish N. Sheth, Bruce I. Newman, and Barbara L. Gross. Why we buy what we buy: A theory of consumption value [J]. Journal of Business Research, 1991, 22 (2): 160.

的是，“90 后”的所占比重减少、“80 后”和“90 后”的比重有所增加，可能的原因是相对于“90 后”其他两个年龄段的人工作更稳定、收入更高。

2. 消费设备选择的差异

消费者设备选择差异指的是不同年龄段消费者移动/PC 端成交金额、笔数对比有所差异。如图 3－2 所示，随着移动通信的发展，移动设备为消费者提供了更多的便利，所以这三个年龄段的消费者都比较倾向选择移动设备进行购物。就成交笔数而言，移动设备的购物消费更倾向与年轻化，有接近 70% 的“90 后”会选择移动设备消费，“70 后”和“80 后”则分别约为 58% 和 61%。

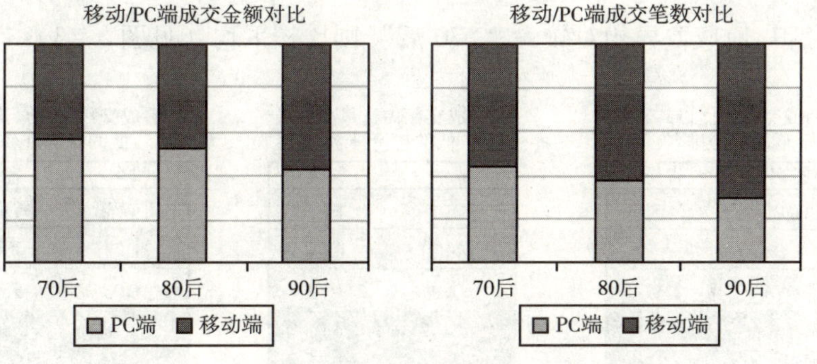

图 3－2　消费设备选择的差异

但是，如果从成交金额出发，“70 后”和“80 后”主要选择 PC 端，PC 端选择比重大概分别为 58% 和 56%，而“90 后”仍然更倾向于选择移动设备，PC 端选择比重仅有 42% 左右。这个可以从不同年龄段人群的特点出发进行解释：大部分“90 后”是不折不扣的移动控，对新兴事物接受度较高，同时安全意识相对较低；“70 后”和“80 后”的人较为理性，对于不同类型的商品的消费方式有所差异，如购买贵重和大件物品他们通常会选择 PC 端，轻量、低价商品会选择移动端，当然，也有可能是因为这两个年龄段的人对移动端的安全性不够信任。

3. 不同年龄段消费成交额占比的区域差异

对于“80后”而言，成交额比重最高的三个省份是上海市、北京市和天津市，最低的三个省份分别是江西省、贵州省和山西省。有可能的解释是：发达省份人口各年龄段分别较平均，且收入比欠发达省份高[①]。

对于“70后”而言，成交额比重最高的三个省份分别是黑龙江省、新疆维吾尔自治区和云南省，最低的三个省份分别是海南省、广东省和西藏自治区[②]。

除此之外，对于“90后”而言，主要集中在三、四线城市，虽然消费单价较低，但是由于人数原因，对消费贡献更多；较强消费能力的城市主要集中在沿海发达地区，但由于消费结构较不成熟，人数与消费比重低于全国平均水平。因此，“90后”消费能力地域差异较小，而“80后”地域差异相对较大，“70后”则比较平均（见图3-3）。

90后成交额占比最高和最低的省份排名

排名	省份
TOP1	江西
TOP2	海南
TOP3	安徽
Bottom3	辽宁
Bottom2	北京
Bottom1	上海

80后成交额占比最高和最低的省份排名

排名	省份
TOP1	上海
TOP2	北京
TOP3	天津
Bottom3	山西
Bottom2	贵州
Bottom1	江西

70后成交额占比最高和最低的省份排名

排名	省份
TOP1	黑龙江
TOP2	新疆
TOP3	云南
Bottom3	海南
Bottom2	广东
Bottom1	西藏

图3-3　不同年龄段消费成交额占比的区域差异

4. 总体消费者的年龄、分布异质性

如果将所有年龄段的消费者考虑进来，并结合城市级别[③]因素，可

① “80后”人群的成交额比重最低的没有西部省份，笔者认为，有可能是因为地处偏远，网络购物的倾向会更强一点。

② 对于这一点，笔者暂时还没能找到更好的解释，故正文中没有进行阐述。

③ 城市级别划分可以分为五级，其中前四级基本是地级市和经济强县（县级市），本报告仅考虑前四级的相关情况。

以发现对于不同级别的城市，消费者在不同年龄段比重也有所差异。由于考虑到总体消费者，所以年龄段可以重新划分为 18 ~22 岁、22 ~28 岁、28 ~35 岁、35 ~50 岁以及 50 ~70 岁这五个区段，分别记为 A、B、C、D 和 E。

如图 3 -4 所示，在一线城市，不同年龄段所占比例从低到高分别为 E、A、D、B 和 C，依次比值大致为 5%、9%、17%、30% 和 39%。二线城市不同年龄段所占比例从低到高分别为 E、A、D、C 和 B，依次比值大致为 9%、10%、19%、30% 和 32%。三线城市不同年龄段所占比例从低到高分别为 A、E、D、C 和 B，依次比值大致为 10%、12%、23%、25% 和 30%。四线城市不同年龄段所占比例从低到高分别为 A、E、D、C 和 B，依次比值大致为 9%、11%、20%、27% 和 33%。

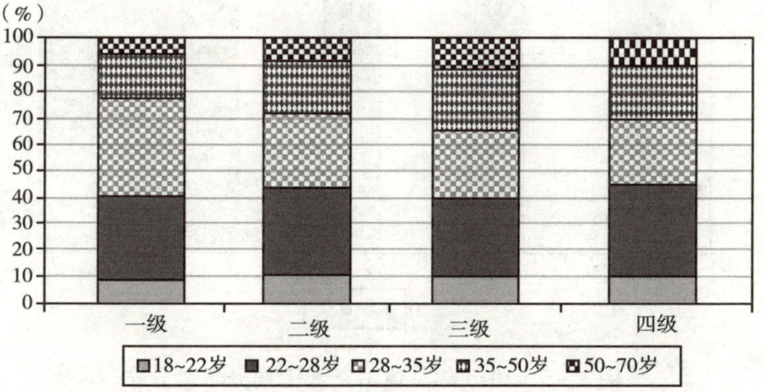

图 3 -4　2015 年总体消费者年龄分城市级别分布

（二）不同性别的消费者异质性

消费者的异质性不仅可以体现在年龄方面，还可以体现在性别方面。中国男女比例失衡不断加重，2015 年，中国大陆人口为 136782 万人，比上年末增加 710 万人，其中男性人口有 70079 万人，女性人口只有66703万人，男性比女性多3376万人，男女比例是105∶100①。不仅如此，不同性别的消费者的异质性在不同年龄段上也有所差异。此处将年龄段划分为18~22岁、22~28岁、28~35岁、35~50岁以及50~70岁这五个区段。

如图3-5所示，对于不同性别的消费者而言，男性和女性消费者在不同年龄段对网上购物的销售额贡献度有所差别：在18~22岁的年龄段内，女性的贡献率较高，达到53%左右，22~28岁的年龄段为51%，28~35岁的年龄段为50%，35~50岁的年龄段约为51%，而50~70的年龄段只有45%左右。所以，可以发现女性消费者中年轻消费群体贡献的销售额略高于男性消费者，随着年龄的增长，男性消费者所占比重有所上升。

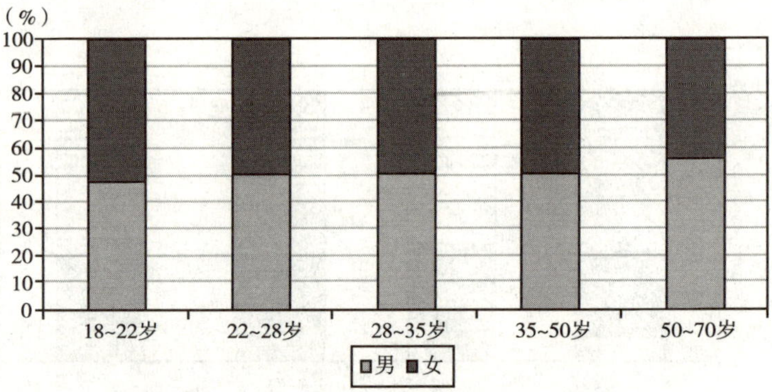

图3-5　2015年总体消费者性别分年龄分布

（三）不同身份的消费者异质性

1. 大学生与非大学生的比较

在所有各类人群中，在校大学生是一个比较特殊的群体，相对而言，大学生群体可支配的时间较多，但支出主要来源于家庭。因此，此

① 《中国统计年鉴（2014）》。

处将大学生和非大学生群体进行比较。

由于大学生群体收入的限制，非大学生群体无论是销售额还是订单数都远高于大学生群体，如图 3 -6 所示。

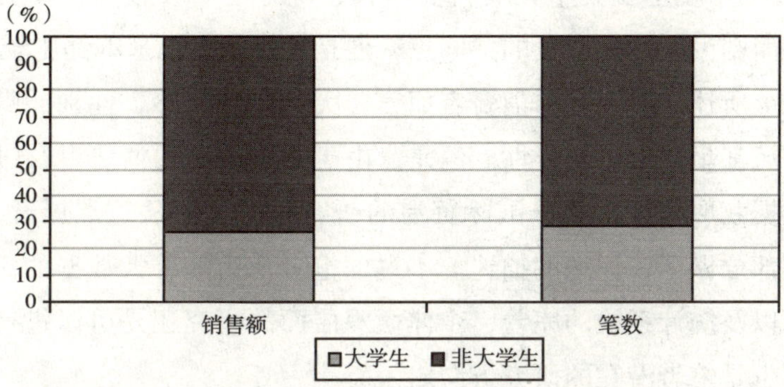

图 3 -6 2015 年大学生/非大学生消费者销售额和笔数分布

2. 大学生群体内消费比较

对于大学生群体内的消费比较，将选取人均购买力、护肤彩妆、男生网游花费这三个方面进行比较，并整理出各种排名的前 10 名，具体如表 3 -1 所示。

表 3 -1 大学生群体内消费比较（前 10）

排名	人均购买力	护肤彩妆花费	男生网游花费
1	北京大学	对外经济贸易大学	中南大学
2	中国音乐学院	中央音乐学院	上海外国语学院
3	中国传媒大学	上海外国语大学	北京化工大学
4	中国民族大学	北京外国语大学	上海大学
5	上海外国语学院	上海大学	北京外国语学院
6	清华大学	华东师范大学	大连理工学院
7	北京工业大学	中国传媒大学	中国传媒大学
8	对外经济贸易大学	厦门大学	西南财经大学
9	北京外国语大学	华中师范大学	对外经济贸易大学
10	复旦大学	中国政法大学	武汉大学

从表 3 - 1 可以发现，各项比较的前 10 名的学校基本都是中国比较知名的学校，而且大致上还呈现出以下特点：人均购买力方面，学校主要集中在北京和上海；护肤彩妆的主要消费群体是女性，所以这方面排名前 10 的学校主要集中在文科类学校，理工类学校较少；而男生网游花费方面则没有什么明显的共同点，但是学校所在地基本都比较发达。

综上所述，对于个体消费者而言，无论是从年龄、性别、身份还是所处区域都呈现出了差异性。但是，由于个体层面的消费者在进出口方面的数据获取较难，关于国际贸易的研究暂时无法从这点展开，因此，只在这部分做了较详细的描述。不过，笔者认为随着大数据的深入、实名认证以及统计系统的完善，个体微观层面的研究还是可以进行的，当然，这也是笔者潜在的研究方向之一。

二、区域层面消费者异质性

这部分主要分析的是区域和省际的角度进行考虑。

（一）中、东、西部的差异性

这部分将中国各省份分为中、东、西部三个区域[①]，东部地区共有 11 个省市，从南到北分别是海南、广东、福建、浙江、上海、江苏、山东、河北、天津、北京以及辽宁；中部地区共有 8 个省，分别是湖南、江西、湖北、安徽、山西、河南、吉林以及黑龙江；西部地区则有 12

① 中国区域划分有多种，除了正文中的这种，还可以分为华东地区（包括山东、江苏、安徽、浙江、福建、上海）；华南地区（包括广东、广西壮族自治区、海南）；华中地区（包括湖北、湖南、河南、江西）；华北地区（包括北京直辖市、天津直辖市、河北、山西、内蒙古自治区）；西北地区（包括宁夏回族自治区、新疆维吾尔自治区、青海、陕西、甘肃）；西南地区（包括四川、云南、贵州、西藏自治区、重庆直辖市）；东北地区（包括辽宁、吉林、黑龙江）；台港澳地区（包括台湾地区、香港地区、澳门地区）。当然还可以“经济带”的概念来划分。

个省区市，包括新疆、内蒙古、宁夏、广西、青海、甘肃、陕西、四川、重庆、贵州以及云南①。

就2014年中国各区域进出口情况而言，全国出口额增长幅度远高于进口额增长。东部地区进出口总额达到36559.5亿美元，增长1.6%，占全国总额的85%左右。其中，出口额为19436.4亿美元，同比增长3.9%，占全国83%；进口额为17123亿美元，同比减少0.9%，占全国进口额87.3%。中部地区，进出口总额、出口额和进口额分别为3127.1亿美元、1816.4亿美元和1310.6亿美元，同比增长分别为10%、12.8%和6.3%，占全国比重分别为7.3%、7.8%和6.7%。西部地区，进出口总额、出口额和进口额分别为3343.8亿美元、2174.6亿美元和1169.2亿美元，同比增长分别为20.2%、22%和17%，占全国比重分别为7.8%、9.3%和6%，具体如表3-2所示。

表3-2　　2014年中国东中西部进出口情况

指标	全国	东部	中部	西部
进出口总额（亿美元）	43030.4	36559.5	3127.1	3343.8
同比增长（%）	3.4	1.6	10.0	20.2
占全国比重（%）	100.0	85.0	7.3	7.8
出口总额（亿美元）	23427.5	19436.4	1816.4	2174.6
同比增长（%）	6.0	3.9	12.8	22.0
占全国比重（%）	100.0	83.0	7.8	9.3
进口总额（亿美元）	19609.9	17123.0	1310.6	1169.2
同比增长（%）	0.5	-0.9	6.3	17.0
占全国比重（%）	100.0	87.3	6.7	6.0

资料来源：经2015年《中国统计年鉴》和2015年各省统计年鉴整理所得。

① 这种区域划分不考虑港澳台地区。

由表3-2可以发现，虽然，整体上中国进出口贸易呈现出增长态势，但是各地区还是存在着明显的差异。就出口和进口额度而言，东部地区总额最高，西部次之，中部最小，但是，增长趋势却是西部最快、中部次之、东部最慢。笔者认为，从中国现状来看，经济发展水平从强到弱分别为东、中、西部，经济水平在一定程度上表示了购买力，如果将东、中、西部分别视为一个消费者，由于购买力存在差异，从而导致（进口需求）消费有所差异，区域层面的消费者异质性会呈现出明显差异。

（二）省际层面的消费者异质性

这部分将从省际层面相关指标的时序发展和截面情况进行描述。其中，主要观察的指标是31个省份的GDP和人均GDP。

1. 31个省份GDP和人均GDP的发展

改革开放后，中国31个省份的GDP和人均GDP虽然都呈现增长的态势，特别是1991年后，但是增长的幅度存在着明显的差异，而且随着时间的推移，各省GDP的差距不断加大（见图3-7和图3-8）。

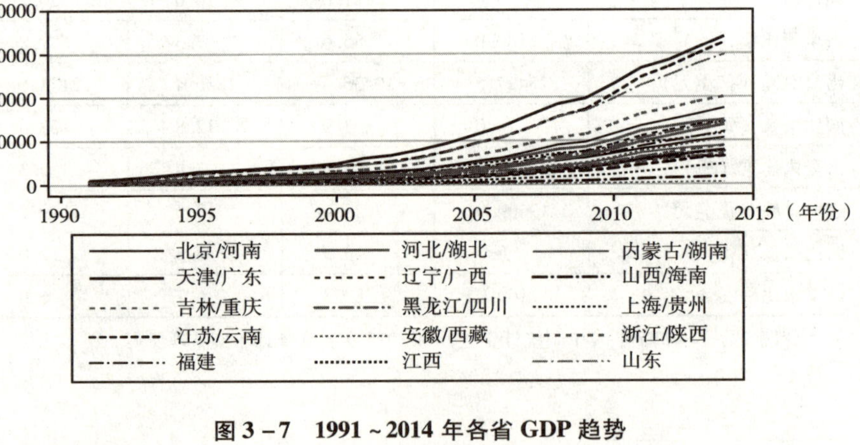

图3-7 1991~2014年各省GDP趋势

资料来源：由Stata12.0软件而得。

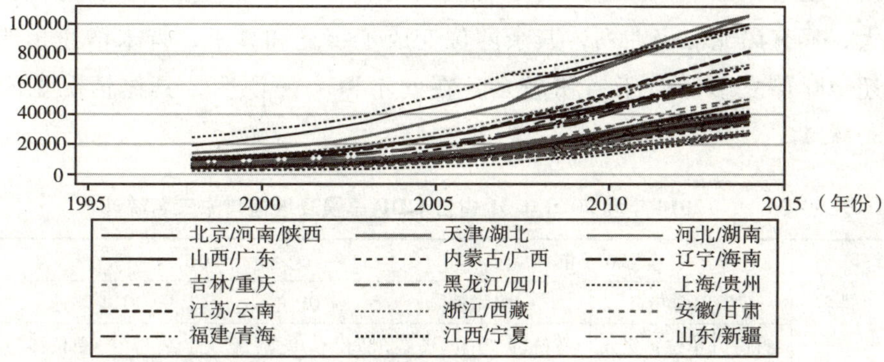

图 3-8 各省人均 GDP 趋势

资料来源：由 Stata12.0 软件而得。

2. 31 个省份的截面数据

就 GDP 总量和增速而言，31 个省份的差异性很大。如表 3-3 所示，2014 年排名 GDP 总量前三的省份分别为广东、江苏和山东，最后三位是西藏、青海和宁夏，其中第一位约是最后一位的 70 倍之多；2014 年 GDP 增速前三分别为重庆、贵州和西藏，最后三位则是山西、黑龙江和辽宁，首末相差超过 1 倍。2015 年，GDP 总量上都有所增长，首末三名的排名也没有变化，但绝对量之间进一步扩大；增速方面，西藏升至并列第一位，辽宁则降到最后一位，且首末相差近 3 倍。由于涉及省份较多，在此不再一一说明，具体情况见附录 A.1。

就人均 GDP 总量和增速而言，31 个省份的差异性也很大，如表 3-4 所示。2014 年人均 GDP 总量前三的省份分别为天津、北京和上海，最后三位是贵州、甘肃和云南，其中首位是末位的 4 倍之多；2014 年 GDP 增速前三分别为贵州、重庆和西藏，后三位则是河北、黑龙江和内蒙古，首末相差超过 3 倍。2015 年，各省人均 GDP 都有所增长，前三名的排名没有变化，但是上海成为第三个突破 10 万元大关的省份，而末位三名只有顺次有所变化，首末差距进一步拉大；增速方面，西藏升至第一位，广西进入前三名而重庆跌出前三名，末位三名变化较大，只有黑龙江仍在列，其余两位变成了宁夏和甘肃，首末增速相差超100倍之多。由于省份较多，在此不再一一说明，具体情况见附录A.1。

表3-3　　2014年和2015年31省份GDP总量及增速首末三名统计

排名	2014年				2015年			
	GDP总量		GDP增速		GDP总量		GDP增速	
	省份	单位：亿元	省份	单位：%	省份	单位：亿元	省份	单位：%
1	广东	67792.24	重庆	10.9	广东	72812.55	重庆	11.0
2	江苏	65088.32	贵州	10.8	江苏	70116.38	西藏	11.0
3	山东	59426.60	西藏	10.8	山东	63002.30	贵州	10.7
29	宁夏	2752.10	辽宁	5.8	宁夏	2911.77	黑龙江	5.7
30	青海	2301.12	黑龙江	5.6	青海	2417.05	山西	3.1
31	西藏	920.80	山西	4.9	西藏	1026.39	辽宁	3.0

资料来源：根据各省历年统计年鉴整理而得。

表3-4　　2014年和2015年31省份人均GDP总量及增速首末三名统计

排名	2014年人均GDP				2015年人均GDP			
	总量		增速		总量		增速	
	省份	单位：万元	省份	单位：%	省份	单位：万元	省份	单位：%
1	天津	10.68	贵州	15.28	天津	10.90	西藏	23.73
2	北京	10.09	重庆	12.68	北京	10.58	贵州	14.40
3	上海	9.76	西藏	12.60	上海	10.34	广西	9.94
29	云南	2.71	内蒙古	5.49	贵州	3.02	黑龙江	0.51
30	甘肃	2.65	黑龙江	4.53	云南	2.98	甘肃	0.37
31	贵州	2.64	河北	3.89	甘肃	2.66	宁夏	0.22

资料来源：根据各省历年统计年鉴整理而得。

综上所述，无论是从地区还是省份，无论是动态的发展还是从截面数据来看，差异都非常明显，这不仅在一定程度上说明了发展差异，而且还隐含着很多发展问题。对于消费者异质性而言，GDP 和人均 GDP 这两类指标可以理解为一个地区或省份在“收入”角度的差异，即可理解为消费者需求能力的差异，由文献综述中介绍的人均收入和收入分配的相关研究可知，这种差异在一定程度上会引起各地区或省份在进口需求方面的差异，如进口上面的需求结构差异等。

三、国家层面消费者异质性

对于国家层面的消费者异质性而言，本书是在假设每个国家都是一个典型的消费者基础之上进行阐述的。

首先，不同的国家即不同的消费者在同一年的经济行为是有所差异的，这就在一定程度上体现了消费者的异质性。比如，根据世界贸易组织数据统计，2014 年贸易进出口总额中国连续两年位列世界第一，贸易总额达到 4. 304 万亿美元。美国位列第二，4. 302 万亿美元；德国位列第三，2. 728 万亿美元；日本以 1. 506 万亿美元排名第四。

其次，对于同一个消费者，在不同的时间节点上的行为也会有所差异。整体而言，改革开放后，中国进出口总贸易额、出口贸易总额以及进口贸易总额都有了快速增长，分别从 1998 年的 206. 4 亿美元、97. 5 亿美元和 108. 9 亿美元增长到 2014 年的 43004. 0 亿美元、23437. 5 亿美元和 19577. 9 亿美元，增长倍数分别达到了 208. 4 倍、240. 4 倍和 179. 78 倍，但是，贸易差额已从改革开放初的贸易逆差变成了贸易顺差，且不断加大。因此，贸易不平衡问题成为一些学者的研究方向，当然，也是笔者将消费者异质性与贸易结合的又一切入点。

虽然，整体上中国进出口贸易取得快速发展，但是从表 3 – 5 可以看出，每年的贸易量增长都有所差异，增长幅度也有一定的波动性。为了更好地分析这个波动性，这部分选取了中国1990年1月~2014年12月的进出口贸易的月度数据，并在此基础之上采取了移动平均法①对相应的时间序列进行分析。

由图3-9可以发现，无论是进口贸易还是出口贸易，无论是真实趋势还是预测趋势，增长幅度在月度层面是频繁变动的，但基本上幅度都为正，这也推动了中国进出口贸易的整体发展。

因此，结合表3-5和图3-9可以发现，无论是中国进出口贸易的整体发展，还是月度层面数据增幅的波动，都说明了差异性的存在。这也为中国进出口贸易的相关分析提供了依据。

表3-5　　改革开放后中国进出口贸易统计　　单位：亿美元

年份	进出口总额	出口总额	进口总额	差额
1978	206.4	97.5	108.9	-11.4
1980	381.4	181.2	200.2	-19.0
1985	696.0	273.5	422.5	-149.0
1990	1154.4	620.9	533.5	87.4
1991	1357.0	719.1	637.9	81.2
1992	1655.3	849.4	805.9	43.5
1993	1957.0	917.4	1039.6	-122.2
1994	2366.2	1210.1	1156.1	54.0
1995	2808.6	1487.8	1320.8	167.0
1996	2898.8	1510.5	1388.3	122.2
1997	3251.6	1827.9	1423.7	404.2
1998	3239.5	1837.1	1402.4	434.7
1999	3606.3	1949.3	1657.0	292.3
2000	4742.9	2492.0	2250.9	241.1

① 移动平均法（moving average method）是根据时间序列，逐项推移，依次计算包含一定项数的序时平均数，以此进行预测的方法。移动平均法包括一次移动平均法、加权移动平均法和二次移动平均法。本书选择的是6个月的移动平均进行的预测。

续表

年份	进出口总额	出口总额	进口总额	差额
2001	5096.5	2661.0	2435.5	225.5
2002	6207.7	3256.0	2951.7	304.3
2003	8509.9	4382.3	4127.6	254.7
2004	11545.5	5933.3	5612.3	320.9
2005	14219.1	7619.5	6599.5	1020.0
2006	17604.4	9689.8	7914.6	1775.2
2007	21765.7	12204.6	9561.2	2643.4
2008	25632.6	14306.9	113257	2981.2
2009	22075.4	12016.1	10059.2	1956.9
2010	29740.0	15777.5	13962.4	18151
2011	36418.6	18983.8	17434.8	1549.0
2012	38671.2	20487.1	18184.1	2303.1
2013	41589.9	22090.0	19499.9	2590.1
2014	43039.0	23437.5	19577.9	3859.6

资料来源：根据历年中国统计年鉴、世界贸易组织相关数据整理而得。

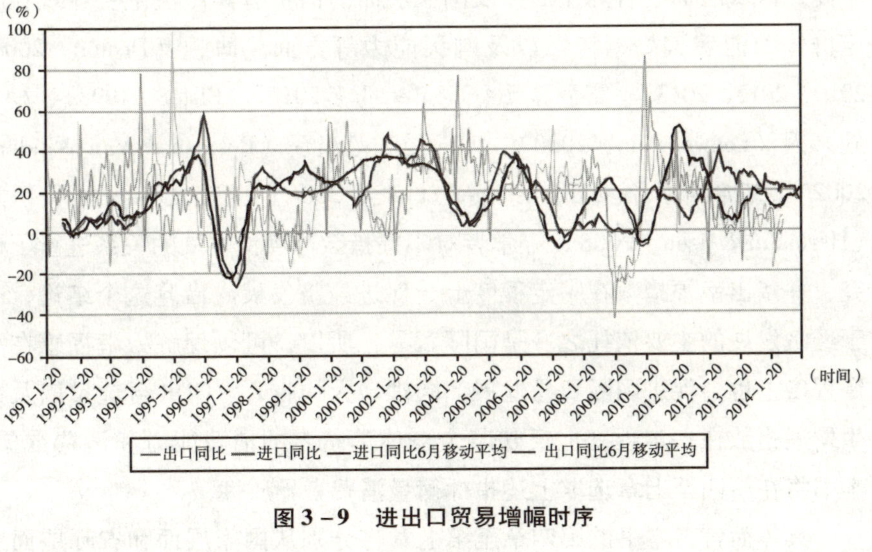

图 3-9　进出口贸易增幅时序

第三节　指标选取和数据来源

在已有贸易研究中，企业异质性的衡量较为统一，企业异质性表现在企业规模、产品质量、员工技能、组织形式、企业家才能等诸多方面，综合地体现为企业边际生产成本或生产率的差异。但是，消费者异质性不仅可以拓展到多个层面，还涉及很多因素，暂无较统一的衡量指标。因此，本书将从研究需要出发，并结合民生发展问题选取相应的消费者异质性衡量指标。

从微观层面出发，消费者异质性表现为消费者个体之间消费偏好、年龄、性别、收入禀赋等方面的差异。同时，消费行为的主体不仅指的是消费者个人，还可以是一个群体。因此，消费者异质性可以体现在多个层面，如区域层面、省际层面以及国家层面等。总体而言，消费者异质性主要体现在消费行为上，而这些行为取决于消费者的自身条件。基于此，区域层面、省际层面以及国家层面的消费者异质性主要体现在特定群体的消费偏好、特性以及购买能力等方面。迪顿（Deaton，2008，2010，2012，2013）、艾金等（Aghion et al.，2015）、Elster（1998）、勒文施泰因（Loewenstein，2000）、博斯曼和范温登（Bosman & Van Winden，2002）、基希斯泰格（Kirchsteiger et al.，2006）以及埃尔马林和伊森（Hermalin & Isen，2008）等学者对幸福指数与经济发展的关系进行了研究，并指出幸福指数在一定程度上会促进经济发展。借鉴这个结论，由于经济发展的主要依托之一是国际贸易，所以，可以理解为幸福感在一定程度上也会促进国际贸易发展。同理，人均收入、GDP 含金量以及民生发展指数在一定程度上反映某个群体消费者的消费能力和消费欲望。本书将在第四至七章选取上述指标衡量消费者异质性。

具体而言，本书的第四章至第七章将分别从国家层面和省际层面进行消费者异质性的研究，分别选取不同的指标进行衡量。第四章采用了人均收入和幸福指数，第五章采用了国家层面的 GDP 含金量和幸福感指数，第六章和第七章则为省际层面的 GDP 含金量和 DLI 指数。但是，由于第四章研究的内容为中国的出口贸易，因此，中国的角色应为生产和销售者，贸易伙伴则为消费者，本书主要关注的是消费者异质性，所以这章将从中国的贸易伙伴国的角度出发，探讨贸易伙伴的消费者异质性对中国出口贸易的影响。第五章至第七章将中国或各省份视为消费者，从而探析消费者异质性对进口需求的影响。

本书实证分析部分最终涉及的消费者异质性指标有：贸易伙伴国的人均收入和幸福指数、中国的幸福指数和 GDP 含金量以及中国相关省份的 GDP 含金量和 DLI 指数，并最终可整理为贸易伙伴国的人均收入、各国的幸福指数、中国以及各省份的 GDP 含金量以及相关省份的 DLI 指数这几类指标。

1. 幸福指数

幸福指数，一般指幸福感指数，是一个社会学名词。幸福感是一种心理体验，它既是对生活的客观条件和所处状态的一种事实判断，又是对于生活的主观意义和满足程度的一种价值判断，表现为在生活满意度基础上产生的一种积极心理体验。而幸福感指数，就是衡量这种感受具体程度的主观指标数值。数据来源于世界幸福数据库（World Database of Happiness），该数据库是有荷兰学者鲁特·维恩霍（Ruut Veenho）创建的一个在国家等级层面上的世界幸福数据库，其数据为调查数据。该数据库有一些特点：问卷形式有不同种类，不同国家的统计年限和问卷类型有所差异。但是本书为了分析中国的出口贸易并倾向于选择面板数据[①]，所以笔者经过大量分析和整理，选择一种涉及国家较多且年限较

① 相对于截面数据和时间序列数据，面板数据既考虑到了时间序列因素也考虑到了截面因素，而平衡面板数据有较系统的操作方法，只是非平衡面板数据缺失，所以笔者（前六章）都是在平衡面板数据的基础上进行分析的。

完整的形式。这类数据的问卷问题包括：总体上，你对自己的生活满意程度是什么？有四个选项：完全不满意、不是非常满意、比较满意、完全满意。通过加权后进行取值，取值范围是 0 ~ 10 之间。最终选取了 2001 ~ 2012 年共 12 个年份的幸福指数数据，共涉及包括中国在内的共 30 个国家。

在不考虑中国的情况下，另外 29 个国家在这 12 年里的幸福指数数据中，最小值只有 3.91，而最大值达到了 8.4，均值约为 6.25。因此，我们可以发现差异性还是很明显的。

2. 人均收入

这里的人均收入是指人均国民收入，根据世界银行数据库的统计，本书选取了 2001 ~ 2012 年 12 年 29 个国家的人均收入，其中最大值为 83780 美元，最小值则为 1730 美元，平均值为 26136.12 美元，差异也很明显。

3. GDP 含金量

这个指标在一定程度上体现了国民（消费者）在货币收入方面的幸福指数，这一类数据并不能直接获得，需要经过特定公式整理计算而得。文献综述中表明目前 GDP 含金量的公式还没有明确规定，种类很多。本书将选取一个接受度较高的公式，即参考杨开忠（2010）指出的先用“当地 GDP”/“常住人口”得到“人均 GDP”，然后再用“人均可支配收入”/“人均 GDP”即可求得人均 GDP 的含金量。具体而言，人均居民可支配收入与人均 GDP 之比，前者可由人均收入乘以储蓄率或城市与农村的平均加权数据获得。

由于 GDP 含金量涉及中国和相关省份两个部分，所以相应指标的数据来源有所不同，国家层面的数据来源于世界银行数据库（Worldbank Database），而省际层面相关数据来源于各省份历年的统计年鉴。

在第五章关于中国进口贸易方面的研究中，中国作为进口需求的消费者，本书选取了 2000 ~ 2012 年 13 年的数据进行了分析，其中 GDP 含金量经过取对数处理后，平均值为 0.191，最大值为 0.481，最小只有

0.003，表明中国 GDP 含金量差异明显。同理，省际层面也是如此。

4. DLI 指数

所谓 DLI 指数也就是发展和民生指数。2000 年开始，中国统计学会和国家统计局统计科学研究所从省际角度出发，根据《地区发展与民生指数①编制方案》编制了 DLI 指数，对中国各地区发展与民生指数进行监测。其中，笔者发现以下现象：

首先，中国各省和各地区 DLI 指数稳步提升，以东部、中部、西部和东北地区为例，2000 年这四个地区的 DLI 指数分别是 46.39%、36.85%、34.18%和 40.32%，经过不断发展，各地区 DLI 指数都有所提升，至 2012 年四个地区分别提升为 71.57%、60.35%、58.22% 和 62.04%，具体如图 3－10 所示。

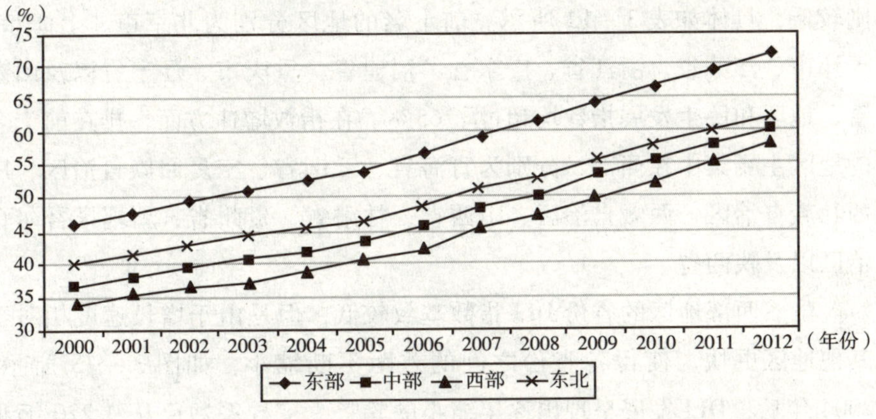

图 3－10　2000～2012 年东部、中部、西部以及东北地区 DLI 发展趋势

这四个地区的增长速度也有所差异，中部地区和西部地区的增长速度较快。四个地区的 DLI 年均增长速度从快到慢依次为西部地区、中部地区、东部地区和东北部地区，分别为 4.54%、4.20%、3.68% 和 3.66%，如图 3－11 所示。

① 地区发展与民生指数简称 DLI，即 Development and Life Index。

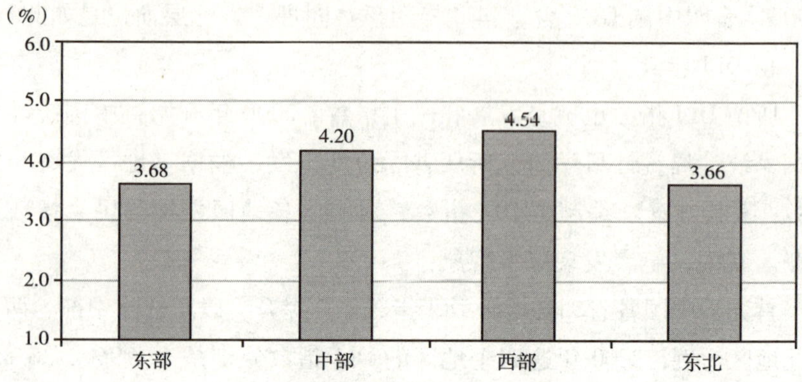

图 3-11　2000~2012 年东部、中部、西部以及东北地区 DLI 年均增长

其次，31 个省份 DLI 指数也有了普遍提高，但是程度上也有所差异。2012 年，总体上仍然是经济较发达地区 DLI 指数较高，而西部地区则较低，具体如表 3-12 所示。前十名的地区分别为北京市、上海市、天津市、江苏省、浙江省、广东省、福建省、重庆市、辽宁省以及山东省，地区和民生发展指数均超过了 65%。在指数增速方面，排在前十名的地区主要集中在西部，分别为青海省、云南省、宁夏回族自治区、广西壮族自治区、西藏自治区、山西省、甘肃省、贵州省、新疆维吾尔自治区以及陕西省。

虽然西部地区的省份 DLI 指数基数较低，但是由于增长速度相对于其他地区更快，使得各省份之间的差距不断缩小，如图 3-13 所示。2004 年后，DLI 发展呈现出逐年缩小的趋势，变异系数已从 0.220 缩小至 0.154①。

---

① 一般来说，变量值平均水平越高，其离散程度的测度值越大，反之越小。变异系数是衡量资料中各观测值变异程度的另一个统计量。当进行两个或多个资料变异程度的比较时，如果度量单位与平均数相同，可以直接利用标准差来比较。如果单位和（或）平均数不同时，比较其变异程度就不能采用标准差，而需采用标准差与平均数的比值（相对值）来比较。标准差与平均数的比值称为变异系数，记为 C·V。变异系数可以消除单位和（或）平均数不同对两个或多个资料变异程度比较的影响。

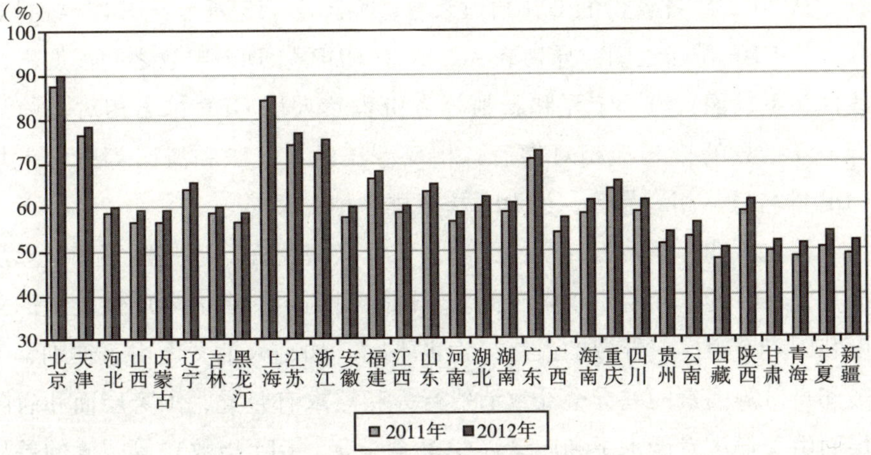

图 3-12　2011 年和 2012 年各省份 DLI 指数比较

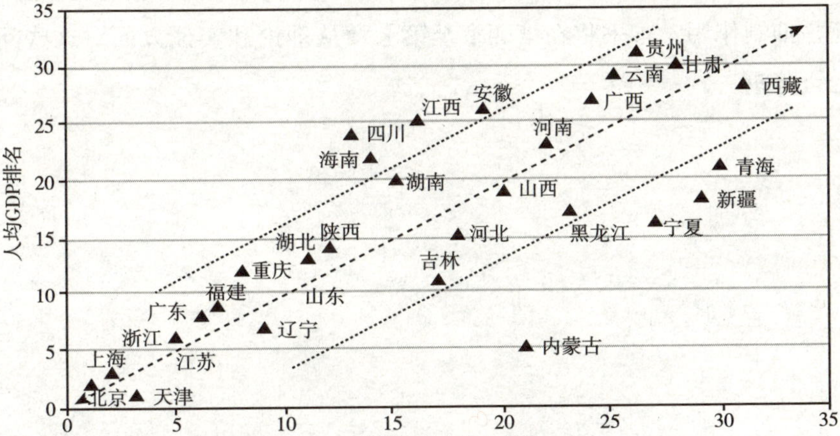

图 3-13　各地区人均 GDP 排序与 DLI 指数排序

由于 DLI 指数是一个全面监测数据，不仅包括经济方面还包括社会、民生等多个方面。如果将各省的 DLI 指数与人均 GDP 相比，则可以发现人均 GDP 与 DLI 并不是完全等同的。这也表明，新常态下经济发展兼顾社会民生发展是有必要的，在这个特殊时期，也是不可逆转的。

从2012年各省份的DLI指数来看，如图3－13所示，DLI指数排名和人均GDP排名之间差异性较大，人均GDP与DLI指数之间没明显的线性关系，像青海、宁夏和新疆等省份虽然人均CDP排名相对靠前①，但DLI指数的排名却相对靠后；相反，江西、安徽和海南等省份人均GDP排名虽然相对靠后，但DLI指数排名相对靠前。

综上所述，消费者异质性无论是个体微观层面，还是国家和省际层面都是存在的，而且不仅限于此。不同层面的消费者的异质性衡量的角度和因素有很多，导致的最终行为也不同，如个人消费者由于性别、年龄和身份等因素的差异会导致消费行为和需求有差异，国家层面和省际层面由于经济发展水平和质量（GDP含金量、DLI指数）等因素的差异也会导致进口需求方面有所差异。从国家层面和省际层面出发，消费者异质性到底能否影响进出口贸易的发展？如果有影响，到底是促进作用还是抑制作用？本书将在第四章至第七章从理论和实证方面对这些问题进行分析。

---

① 人均GDP排名从小到大排列，也就是说数值越大排名越靠后，相反数值越小越靠前。

第四章　消费者异质性对中国出口贸易的影响

随着全球化的进一步加深，中国进出口贸易额呈现出稳步增长的趋势，但是环境、民生等问题也逐步成为世界关注的焦点。21 世纪以来，幸福指数已发展成和 GDP 一样重要的指标，不仅可以监控经济社会运行态势，同时还是社会运行状况和民众生活状态的“晴雨表”，更是社会发展和民心向背的“风向标”。但是，较欧美发达国家的研究而言，在中国此类问题研究才刚刚起步，因此，本章将关注中国出口目标地区的幸福指数对中国出口贸易额的影响，并对中国民生方面建设提供一些建议。

一方面，如何在推动经济贸易发展的同时维护好民生关注的问题，已成为世界各国特别是发展中国家必须解决的难题。传统研究大多基于环境保护和经济发展之间的关系，而对于幸福指数的研究主要通过一些因素（如性别失衡、收入等）的变化影响幸福感，从而影响一个地区的经济发展，如勒文施泰因（Loewenstein，2000）、博斯曼和温登（Bosman & Winden，2002）、埃尔斯特（Elster，1998）、基希斯泰格等（Kirchsteiger et al.，2006）以及埃尔马林和伊森（Hermalin & Isen，2008）等。辛文和史密斯（Xin & Smyth，2010）指出，在中国，城市经济开放度与幸福指数呈现出反向相关的关系。但是，此类文献还比较少，中国国内文献研究还处于空白阶段。

另一方面，如何将民生问题纳入贸易模型当中，是本章的难点。通常，国际贸易理论的发展大致可分为古典、新古典、新贸易以及新新贸易理论四大阶段。前两个阶段以完全竞争市场等假设为前提，强调贸易互利性，主要解释产业间贸易；新贸易理论从不完全竞争、规模经济、技术进步等角度解释了新的贸易现象；新新贸易理论包括异质企业模型和企业内生边界模型，更多是从企业层面解释国际贸易和国际投资现象。总体上，这四个阶段主要从生产角度出发，特别是新新贸易理论，虽然引入了异质性概念，但只限于生产企业异质性。梅里兹（Melitz，2003）指出，企业生产率水平决定该企业的市场行为，如果最高生产率的企业可选择国际或国内市场，生产率次之的企业会选择国内市场，生产率最低的企业则会退出市场。因此，贸易促进行业平均生产率提高和产品多样化，最终使得社会的福利水平上升。虽然，效率方面的企业异质性已被证实对企业出口有非常重要的影响，但是成本（生产率）因素并不能解释所有贸易现象，其中最大的可能就是忽略了消费者的异质性。

基于这点，已有学者考虑了消费者异质性：一些学者在贸易模型的需求函数中引入偏好不对称性，有些学者利用拟线性偏好，如下村（Shimomura，2010）和福岛（Fukushima，2009）。有些学者对梅里兹的异质性企业模型进行了非位似偏好的扩展，他们认为消费者对不同产品的偏好是不一样的，即某一国家的需求函数随着产品改变而改变，如奥塔维亚诺（Ottaviano，2002）、梅里兹和奥塔维亚诺（Melitz & Ottaviano，2008）；还有些学者则在贸易模型中引入了消费者的消费差异性，如弗朗西斯科（Francesco，2014）在梅里兹和奥塔维亚诺（Melitz & Ottaviano，2008）的消费者偏好不对称性基础上，引入国家间消费者异质性（假设每个国家有一典型消费者），对一国从事出口的数量和价格的影响进行了研究。

在国内研究中，学者大多将异质性消费者与异质性企业相结合，并且都是选取工资差异来衡量消费者的异质性。鲍晓华和金毓（2013）基于收入差异的异质性消费者与安东尼迪亚斯（Antoniades，2008）的观点相结合，在理论研究上考察了收入分配（消费者异质性）对企业生产率和出口产品质量的影响。而这一类选取工资差异来衡量消费者的异质性的研究有可能会产生内生性问题，因为陈波和贺超群（2013）等文献的实证研究表明贸易会使得收入差距拉大。

上述相关研究具有一定的启示性，但怎样将消费者异质性更好地纳入已有贸易模型中，同时选取合适与民生问题相结合的指标来衡量异质性是本章关注的焦点。

第一节　理论模型

一、需求方面

（一）异质性消费者

在梅里兹和奥塔维亚诺（Melitz & Ottaviano, 2008）研究的基础上引入消费者异质性，假设偏好不对称性和消费差异性。假设在一个开放系统中，有 C 个出口目标国，每个国家有 I 个消费者以及两种产品［一种计价品，即价格记为1；一种差异品，简称差异化商品（下同），其中差异品包含有连续的 S 品种］，同时假设差异品竞争性仅随国家改变，与消费者以及产品无关。因此，c（$c \in C$）国 i（$i \in I$）消费者的效用函数如下：

$$U_{ci} = q_{c0} + \int_S \alpha_c(s) q_c(s) ds - 1/2 \int_S \beta_{ci}(s) [q_c(s)]^2 ds - \frac{\gamma_c}{2} \left[\int_S q_c(s) ds\right]^2 \tag{4.1}$$

（4.1）式中，效用取决于 s 品种的消费量 q(s) 和计价品的消费量 q_0；参数 $\alpha_c(s) > 0$，表示差异品与计价产品间的替代性；平方项部分体现出了品种偏好的强度，即 $\beta_{ci}(s)>0$；$\gamma_c>0$，表示差异产品间的替代程度；γ_c 表示竞争强度，仅与国家有关。

梅里兹和奥塔维亚诺（Melitz & Ottaviano, 2008）假定各参数是一致的，而笔者认为各参数取决于不同的特性。首先，$\beta_{ci}(s)$ 体现了消费者和品种 s 之间“偏好不匹配”的概念，其含义是，虽然差异品的种类对于消费者福利是有益的，但是消费者也会面临另一个问题：假设品种依次排序，种类越多会导致所购买产品可能会离消费者心中最理想的品种“距离越远”。由（4.1）式可知，参数偏好不匹配程度 $\beta_{ci}(s)$ 不仅取决于品种和消费者特性，还取决于目标国特性。其次，$\alpha_c(s)$ 表示消费者对一单位品种 s 的意愿支付，可理解为该品种的质量指数。

（二）消费者最优化选择

当 c 国消费者 i 面临 S 品种时，在

$$\int_S p(s)q(s)ds + q_0 = y_i \tag{4.2}$$

预算约束下，由（4.1）式可得 c 国市场上 s 品种的需求函数：

$$p_c(s)=\alpha_c(s)-\frac{\gamma_c}{2}Q_c-\beta_{ci}(s)q_c(s) \tag{4.3}$$

其中，$Q_c=\int_S q_c(s)ds$ 是 c 国市场上差异品的每单位资本总消费量。

由（4.3）式，可将需求函数改写为：

$$q_c(s)=(\alpha_c(s)-p_c(s))/\beta_{ci}(s)-\gamma_c(A_c-P_c)/\beta_{ci}(s)[1+\gamma_c N_c] \tag{4.4}$$

其中，$N_c\equiv\int_S 1/\beta_{ci}(s)ds$；$A_c\equiv\int_S \alpha_c(s)/\beta_{ci}(s)ds$；$P_c\equiv\int_S p_c(s)/\beta_{ci}(s)ds$。

因此，某国一品种的个人需求（4.4）式取决于偏好不匹配程度 $\beta_{ci}(s)$ 和该国市场一些总量指标：品种有效规模 N_c、加总的有效质量

A_c 和有效价格指数 P_c。

(4.4) 式还意味着 c 国市场被消费的品种总规模：

$$Q_c = (A_c - P_c)/[1 + \gamma_c N_c] \tag{4.5}$$

说明 Q 越大，竞争越残酷，使得每个品种 s 面临较小的需求，如有效质量 A 较高，竞争越强。

二、生产方面

与梅里兹（Melitz，2003）不同，企业决策不再仅取决于生产率，而是国家、产品和消费者三个维度。由于贸易成本可由产品——目的国特定虚拟变量控制，故假设无贸易成本。

在 c 国出售 s 品种产品可获得利润：

$$\prod_c(s) = [p_c(s) - c(s)]q_c(s) \tag{4.6}$$

其中，c(s) 表明生产成本仅取决于出口国，不受出口目标国影响。

(4.6) 式对 $p_c(s)$ 求导得：

$$p_c^*(s;P_c) = [\alpha_c(s) + c(s)]/2 - \gamma_c(A_c - P_c)/2[1 + \gamma_c N_c] \tag{4.7}$$

关于 (4.7) 式在 S 上积分，可得到由加总指数表示的均衡价格指数：

$$P_c^* = C_c + (A_c - C_c)/(2 + \gamma_c N_c) \tag{4.8}$$

其中，$C_c \equiv \int_S c(s)/\beta_{ci}(s)ds$，为成本指数。

总体上，每个目标国可由市场加总指标的不同集合描述。

三、市场均衡

将 (4.8) 式代入 (4.7) 式，可得到出口到 c 国 S 品种均衡价格：

$$p_c^*(s) = [\alpha_c(s) + c(s)]/2 - \Gamma_{cs}[\overline{\alpha}_c + \overline{c}_c]/2 \quad (4.9)$$

其中，$\overline{\alpha}_c$是c国所有品种平均有效质量，即$\overline{\alpha}_c \equiv A_c/N_c$；$\overline{c}_c$是c国所有品种（自己生产和进口）平均有效边际成本，即$\overline{c}_c \equiv C_c/N_c$；$\Gamma_{cs} \equiv \gamma_c N_c/2 + \gamma_c N_c \in [0, 1]$，参数$\Gamma_{cs}$反映了c国竞争残酷程度，均衡价格则可表示成（4.9）式，表明较高质量会导致较高均衡价格，同时，市场结构的差别使得所面临的均衡价格也会有所差异。

利用线性需求函数的特点，可得到出口到c国的s品种利润为：

$$\Pi_c(s) = 1/\beta_c(s) \times [p_c^*(s) - c(s)]^2 \quad (4.10)$$

（4.10）式表明，s品种出口是否成功取决于不同国家消费者异质性、目标国偏好不匹配程度及目标国国内竞争强度所引致的质量。对（4.10）式在差异产品层面上进行加总，可以得到一国向c目标国出口的收益（出口额）：

$$\Pi_c = \int_s 1/\beta_c(s)\,[p_c^*(s) - c(s)]^2 d_s = f(1/\beta_c, c_c, \Omega_c) \quad (4.11)$$

（4.11）式表明，出口额是关于目标国不匹配程度、意愿出价（这里假设仅取决于出口产品的质量），以及出口目标国的一些总量指标（有效质量水平、市场规模和出口产品的总体成本水平）的函数。

第二节　实证模型与数据描述

一、实证模型

由上述模型可以看出从国家层面出发，一国对目标国的出口额取决于目标国整体的偏好匹配程度、市场规模、有效质量水平以及出口国的总体成本水平，经整理可得到一个简约回归方程：

$$XM_c = a + a_1/\beta_c + a_2\alpha_c + a_3A_c + a_4P_c + a_5N_c + \lambda_t + \lambda_c + \varepsilon_{c,t} \quad (4.12)$$

其中，a 为常数项；β_c 是表示偏好不匹配，将其倒数作为衡量指标表示偏好的匹配程度；a_1 是本章的关键估计参数，反映了消费者异质性对出口贸易额的影响；$a_2 - a_5$ 分别表示目标国市场平均有效质量水平、价格水平和市场规模对出口贸易额的影响；α_c 为目标国意愿出价；λ_t 和 λ_c 分别表示时间和国家固定效应的虚拟变量，前者表示目标国各项指标在时间上的存续，而后者则包含了国家性质、与出口国之间的距离等国家特性因素；公式最后一项为误差项，根据理论预测：$a_3 < 0$；a_1、a_2、a_4、$a_5 > 0$。

二、指标选取及数据来源

根据中国 2001 ~2012 年出口贸易数据，为了保证数据平衡性，本章选取了 29 个国家相关数据：奥地利、比利时、保加利亚、德国、丹麦、西班牙、芬兰、法国、英国、希腊、克罗地亚、匈牙利、爱尔兰、意大利、日本、立陶宛、卢森堡、拉脱维亚、马耳他、荷兰、波兰、葡萄牙、罗马尼亚、俄罗斯、斯洛伐克、斯洛文尼亚、瑞典、土耳其和美国[①]。同时，选取了 12 个年度组成面板数据，指标如下：

（1）幸福指数。理论模型中得出消费者异质性指标可由消费者偏好不匹配程度的倒数表示，因此参考李奔和陆毅（2009）[②] 的研究，用目

① 由于数据平衡的问题，本章最终选取 29 个国家，包含欧洲 27 国、美国以及日本，均是较为发达的国家，有着类似的特性，因此这些国家的幸福指数的差异性对中国出口贸易的影响比较重要。

② 李奔和陆毅（2009）指出，中国城市居民的幸福指数是影响经济发展的重要因素，且两者间存在反向关系。贸易是经济重要组成部分，理论上应与其结论类似，但是本书结合贸易模型，却得出不一样的结果。

标国幸福指数（*hi*）来衡量，即可视为偏好匹配程度。幸福指数为调查数据，问卷问题：总体上，你对自己的生活满意程度是什么？有四个选项：完全不满意、不是非常满意、比较满意、完全满意。然后通过加权后进行取值，取值范围是 0 ~ 10 之间。数据来源于世界幸福数据库（World Database of Happiness）。

（2）目标国的有效市场规模水平。传统贸易模型中，市场规模通常用人口规模表示，如 HO 模型，因此本章采用目标国人口数量（*po*）来衡量，单位为人，数据来源于世界银行数据库。

（3）目标国的有效质量水平。在鲍德温和哈里根（Baldwin & Harrigan，2011）等已有研究中，质量的衡量可以由产品的单位价格衡量或者通过统计软件模拟得出，而本章中涉及目标市场的竞争残酷程度，因此，采用目标国高科技出口比例（*qua*）衡量，数据来源于世界银行数据库。

（4）目标国的意愿出价。由于意愿出价通常取决于产品质量，即与成本正相关，但前文假设出口成本取决于国家间的距离这一特性，因此，出口成本可视为国内成本。许德友和梁琦（2012）指出，贸易成本在跨国的情形下，包括关税、运费等有形成本也包括阻碍贸易的无形成本，如果在国内，成本则应该包括导致贸易价值损失的那部分。笔者认为主要取决于通货膨胀，因此本章采用中国的通货膨胀率（*tz*）衡量，数据来源于世界银行数据库。

（5）目标国价格水平。通常，经济学理论中用价格指数来衡量总体的价格水平，而目标国进口价格指数来衡量（2000 年为基期），一定程度上反映了中国出口产品和其他国家产品之间的竞争，记为 *pri*，数据来源于世界银行数据库。

（6）中国对出口目标国总出口额（*ex*）。单位美元，数据来源于中国统计年鉴。

（7）目标国人均收入。本章消费者异质性由幸福指数来衡量，而鲍晓华和金毓（2013）在理论模型中用人均（工资）收入来表示消费者异质性①。影响幸福指数的因素很多，其中收入是非常重要的因素。因此，考虑到稳健性检验，本章还利用了目标国人均收入衡量目标国的消费者异质性，记为 *gni*，单位美元，数据来源世界银行数据库。

因此，改进实证方程为：

$$ex_{c,t} = a + a_1 h_{c,t} + a_2 tz_{c,t} + a_3 qua_{c,t} + a_4 pri_{c,t} + a_5 po_{c,t} + \lambda_c + \lambda_t + \varepsilon_{c,t} \tag{4.13}$$

三、数据统计描述

利用 Stata12.0 软件对数据统计和计量方程进行分析，计量模型所用到的数据统计性质描述如表 4－1 所示。

表 4－1　　数据的描述性统计

变量	最小值	最大值	均值	标准差	观测值
幸福指数（*hi*）	3.91	8.4	6.249799	1.050757	348
目标国有效市场规模（*po*）	393028	3.14e+08	3.88e+07	6.19e+07	348
目标国有效质量水平（*qua*）	1.4740	61.6870	15.4932	11.4241	348
目标国意愿出价（*tz*）	−0.77	5.86	2.263333	2.22369	348
目标国价格水平（*pri*）	74.15	74.15	222.6985	123.4393	348
中国出口额（*ex*）	3894	3.52e+07	1881715	4518889	348
目标国人均收入（*gni*）	393028	3.14e+08	3.88e+07	6.19e+07	348

注：统计软件为 Stata12.0。

资料来源：中国统计年鉴和世界银行数据库。

---

① 鲍晓华和金毓（2013）的文章是对消费者异质性（收入）的理论性探讨，但是也有很多文章表明（工资）收入的实证分析是可行的，如陈波和贺超群（2013）等，由于篇幅原因本书在此不一一列举。本书在此基础上假设一个国家为一个典型的消费者，因此，利用一国人均收入作为消费者异质性的衡量指标。

第三节　实证结果与分析

一、基础性检验

本章基于所选取变量的数据以及相关实证模型（4.13）进行检验，需要指出的是，为了估计的有效性，在基础性检验前对数据进行了一些处理（对指数外的数据取对数），并为了降低遗漏变量出现的概率，采取变量逐一加入的方法，其中第一步仅考虑简单的 OLS 检验。由于采取面板数据进行回归分析，需考虑固定效应或随机效应。根据豪斯曼（Hausman）检验的结果，本章将采取固定效应模型：时间和个体固定效应。回归结果如表 4－2 所示。

表 4－2　　（4.13）式基础性检验

	(1)	(2)	(3)	(4)	(5)	(6)	(7)
	ex	*ex*	*ex*	*ex*	*ex*	*ex*	*ex*
hi	941369 *** (228936)	878284 *** (218727)	836157 *** (221062)	512760 ** (252342)	526175 ** (253068)	510010 ** (241716)	506653 ** (242663)
po	0.861 *** (0.0323)	0.806 *** (0.0323)	0.801 *** (0.0326)	0.842 *** (0.0321)	0.838 *** (0.0324)	0.792 *** (0.0321)	0.793 *** (0.0322)
qua		－105711 *** (18634)	－100675 *** (19041)			－99879 *** (18422)	－100588 *** (18786)
tz			35395 (28067)		24820 (31522)		－6174 (30772)
pri				2698 *** (726.1)	2415 *** (810.9)	2340 *** (698.6)	2408 *** (777.5)
Hausman	－－	0.000	0.000	0.000	0.000	0.000	0.000

续表

	(1)	(2)	(3)	(4)	(5)	(6)	(7)
	ex	*ex*	*ex*	*ex*	*ex*	*ex*	*ex*
C-fixed	no	yes	yes	yes	yes	yes	yes
T-fixed	no	yes	yes	yes	yes	yes	yes
Observations	348	348	348	348	348	348	348
R-squared	0. 692	0. 720	0. 722	0. 705	0. 705	0. 730	0. 730
Number of country	29	29	29	29	29	29	29

注：括号内是估计系数的标准差；*** 、** 、* 分别表示 t 检验值在 1%、5% 和 10% 上的显著性水平，回归结果使用 Stata12. 0 估计而得。

－－表示在此次回归中没有考虑 FE 和 RE 的比较，仅采取简单的 OLS 检验。下同。

表 4－2 中，第一列仅考虑目标出口国的幸福指数和市场规模对出口额的影响，结果显著为正，这与理论预期一致；第二列考虑出口目标国的有效质量水平的影响，此时与第一列一样，幸福指数和市场规模显著为正，而目标国的有效质量水平显著为负，与预期结论一致。这表明，如果仅考虑目标国的幸福指数和市场规模这两个因素对出口量的影响，会出现遗漏变量偏误。同样，第四列和第六列也表明了出现遗漏变量偏误的可能性，结果也与预期一致。而且从第一列到第七列拟合优度越来越大，从一定程度上说明模型也越来越合理。

结果表明，用幸福指数衡量的目标国消费者异质性，对中国出口额有显著正的影响，同时出口额还取决于目标国市场的意愿出价和一些市场总体指标。

二、扩展检验

基础性回归是从理论模型直接出发，为了降低内生性和波动性，本章采取对数形式的数据进行扩展检验，即对指标数据外的数量取对数。

由于出口目标国的有效质量水平和价格水平之间可能存在着较强的相关性，同时由于质量水平一定程度上会决定价格水平，所以，为了保证回归有效性，接下来将有效价格水平剔除后进行分析，结果如表 4 – 3 所示。

表 4 – 3　　部分数据对数形式的检验

	(1)	(2)	(3)	(4)
	lnex	*lnex*	*lnex*	*lnex*
hi	1.093 *** (0.161)	1.028 *** (0.157)	0.861 *** (0.142)	0.830 *** (0.140)
lnpo	9.048 *** (1.565)	4.650 ** (1.819)	6.066 *** (1.400)	3.246 ** (1.616)
qua		–0.0670 *** (0.0152)		–0.0455 *** (0.0136)
tz			0.177 *** (0.0177)	0.167 *** (0.0177)
Hausman	—	0	0	0
C-fixed	no	yes	yes	yes
T-fixed	no	yes	yes	yes
Observations	348	348	348	348
R-squared	0.185	0.232	0.380	0.401
Number of country	29	29	29	29

注：括号内是估计系数的标准差；***、**、* 分别表示 t 检验值在 1%、5% 和 10% 上的显著性水平，回归结果使用 Stata12.0 估计而得。

按照前述处理方法，第一列仍为 OLS 检验，其余依旧采取固定效应模型。表 4 – 3 中，第四列结果表明，出口目标国的幸福指数、市场规模以及出口国的质量水平对出口额的影响显著为正，而目标国的有效质量水平对出口额的影响显著为负，这些结论都与理论模型的结论一致。

三、稳健性检验

本章主要目的是研究消费者异质性对一国出口贸易额的影响，前面实证部分利用幸福指数来衡量目标国消费者的异质性，这部分将采取2001～2012年中国主要出口国的收入水平，即目标国的国内人均收入（*gni*）来衡量消费者的异质性，以验证上述实证结果的稳健性。

如表4-4所示，目标国国内人均收入对中国出口额的影响是显著为正的，表明消费者异质性（偏好的匹配程度）和贸易额的关系是稳健的。同时，其他变量的检验结果也显著，且与理论预期一致。

表4-4　　　稳健性检验

	(1)	(2)	(3)	(4)	(5)	(6)
	lnex	*lnex*	*lnex*	*lnex*	*lnex*	*lnex*
lnpo	5.841*** (0.679)		4.739*** (0.588)	4.853*** (0.939)	3.547*** (0.671)	3.750*** (0.794)
lngni	2.239*** (0.0559)	2.277*** (0.0593)	0.708*** (0.148)	2.063*** (0.110)		0.397** (0.184)
lnqua		-0.451*** (0.0836)		-0.124 (0.104)		-0.0589 (0.0874)
lnpri			1.411*** (0.129)		1.713*** (0.0703)	1.455*** (0.139)
lntz				0.102** (0.0403)	0.147*** (0.0304)	0.114*** (0.0338)
Hausman	--	0.000	0.000	0.000	0.000	0.000
C-fixed	no	yes	yes	yes	yes	yes

续表

	(1)	(2)	(3)	(4)	(5)	(6)
	lnex	lnex	lnex	lnex	lnex	lnex
T-fixed	no	yes	yes	yes	yes	yes
Observations	348	348	348	290	290	290
R-squared	0.846	0.826	0.888	0.851	0.894	0.896
Number of country	29	29	29	29	29	29

注：括号内是估计系数的标准差；*** 、** 、* 分别表示 t 检验值在 1% 、5% 和 10% 上的显著性水平，回归结果使用 Stata12.0 估计而得。

综上所述，无论是理论还是实证，国家层面的消费者异质性确实对出口贸易额有显著的影响。国家层面的消费者异质性对进口贸易、企业层面进出口贸易的影响等研究，将是笔者今后研究的重点方向。

第四节　小　结

本章在非同质的偏好假设下，研究了中国主要出口目标国的消费者异质性（偏好匹配程度）对中国出口额的影响，并得出以下结论：目标国间偏好匹配程度的差异性对中国出口有显著影响，目标国内的偏好匹配程度越高将会从中国进口更多金额的产品。除了消费者异质性外，规模越大的目标国市场会从中国进口更多金额的产品；中国出口产品质量越高，国外对中国产品的需求也越高；目标国的有效质量水平越高对中国出口抑制作用也就越大。

本章研究结果有以下启示：虽然，目标国偏好匹配程度对出口额有正的显著影响，但并不意味着中国只对偏好匹配程度较高的国家进行出口。另外，中国出口对中国经济的影响是重大的，但不能仅停留在对出口量和出口额的层面上。对此，本章有以下的建议：

首先，要注重国内民生需求，不能盲目追求出口，从贸易平衡的角度出发，本章也有着很重要的发现：对于中国出口而言，目标国的偏好匹配程度是一个重要影响因素，但是对于中国出口而言，除了数量、金额以及产品特性的考虑，应该注重国内偏好匹配程度，这样才会使得中国对外贸易尽量平衡。因此，需要多关注国内的幸福指数、收入等与民生密切相关的问题。

其次，要注重目标国消费者差异性，注重自身产品的质量提升，只有质量提升了，进口国的意愿出价才会更高，这对中国经济发展有很重要影响。另外，目标国国内有效质量水平对中国出口有反向作用，从这个角度出发，提高自身产品质量更是必要的。

当然，除了注重中国国内民生需求、优化产业结构、加强质量监管力度之多，建立合理法规制度以及引进高技术人才等措施对中国贸易乃至经济合理发展也非常重要。

第五章　消费者异质性对中国进口贸易的影响

随着经济全球化的不断加深，中国进出口贸易的发展对经济增长的作用越发重要，但是有一些问题也不断凸显。

首先，中国进口总额 1995 年为 1320.84 亿美元，2014 年则增加到约 43039 亿美元，年增长速度达到了 18%左右。同时，进口占中国 GDP 的比重也从 18.14%增长到 18.91%，但是 2014 年贸易顺差却扩大了 45.9%。数据表明，进口贸易对经济增长的影响是极其重要的，但是在大多数研究中一直被学者们所忽视，重商主义的“贸易差额论”和凯恩斯的“对外贸易乘数理论”均认为，只有出口和贸易顺差对经济增长才有正向积极的作用，而进口则起到相反作用。但是正是由于进口贸易的快速发展使得中国顺差趋于合理化、贸易结构趋于稳定，因此，进口贸易对中国经济增长作用是不可忽略的。

关于进口贸易重要性的研究已经有很多，并有类似的结论，即进口贸易对经济增长有促进作用，如拉莫斯（Ramos，2001）、马拉什和塔瓦科利（Marwas & Tavakoli，2004）以及杜江（2007）。但是国内外对于进口贸易增长的影响因素分析还没有明确的结论：拉莫斯（Ramos，2001）指出，葡萄牙进口增长和出口增长之间没有因果关系，但是经济发展水平对进口贸易有促进作用。安德森和温科普（Anderson & Wincoop，2003）指出，边境成本使得发达国家间的贸易减少 20%～50%，表明双边贸易成本对进口贸易有阻碍作用。阿拉姆与艾哈迈德（Alam & Ahmed，2010）将巴基斯坦的相关数据和自回归延迟分布模型相结合从长期角度进行分析，并指出进口需求与实际经济增长正相关，相对进口价格和货币实际贬值以及实际有效汇率的变动对进口需求没有影响，但是，短期内这些因素都是进口需求的格兰杰原因。鲍晓华和朱钟棣（2006）利用海关数据整理和分析，指出技术性贸易壁垒对中国进口贸易有限制作用。吕剑（2007）采用了1980～2005年外部冲击对中国进口贸易影响进行了实证分析，认为中国进口贸易与国际石油价格、国际游资数量反向相关，与人民币实际有效汇率、外国通货膨胀水平和外国出口能力呈正相关。吕玉花（2009）利用国家层面的面板数据和引力模型进行分析，并指出中国进口贸易取决于传统的因素，如中国和贸易伙伴的人均GDP。朱其堂和谭志雄（2010）利用中国1982～2007年数据进行实证研究，指出长期来看国际产业专业与进口贸易之间存在互补关系，但无因果关系；短期来看，人民币升值使得贸易不平衡加剧。文洋和张振华（2011）引入了非位似偏好、奢侈品和必需品分类，使用FGLS方法分析并指出中国收入分配差距加大会增加奢侈品进口，且商品来源国越发达这类影响越大。陈玉明（2013）利用省际面板数据和动态面板回归模型对1987～2009年相关数据进行实证分析，并发现进口贸易有一定的内生性，FDI、储蓄、固定资产投资、出口等因素对进口具有正向影响，但是GDP却是反向影响。于燕（2014）指出，双边贸易成本的降低、国际分工和竞争水平以及产出和工人工资的提高会促进出口贸易，从而提升进口贸易水平，最终促进经济快速发展。赵锦春和谢建国（2014）使用对数正态分布拟合了中国与63个贸易伙伴国之间的收入分配曲线，并采用HS92六位编码细分贸易商品数据进行了分析，发现重叠需求对中国进口有显著促进作用，但是对耐用品的影响更大。但是，以上研究大多没有考虑民生问题，即使考虑也仅是收入水平，而民生问题的衡量则是重中之重。笔者认为，如果单一考虑收入、就业或者环境因素都会有失偏颇，因此，本章将会选取综合性指标（GDP 含金量、幸福指数）进行分析。

其次，在大多数国际贸易文献研究中，学者们关注的焦点是生产者方面，对消费者需求角度有所忽视。特别是新新贸易理论，梅里兹（Melitz，2003）虽然引入了企业异质性概念，效率方面的企业异质性已被证实对企业出口有非常重要的影响，但是成本（生产率）因素并不能解释所有贸易现象，其中最大的可能就是忽略了消费者的异质性。

最后，关于民生问题的研究比较多，但是大多属于社会学问题，而与消费者异质性相关的研究则很少。相关经济理论和实证模型都强调了 GDP 的重要性，但是现实中，GDP 争议性越来越大，GDP 所表明的仅是经济发展速度和规模，而 GDP 增长背后的最终目的是提升民众的生活水平。因此，需要靠民众生活的幸福指数来验证。

综上所述，进口贸易、消费者异质性以及民生问题的重要性不可忽视，而研究还属于起步阶段，如何将这三者有效结合起来也是一个有意义、有趣的课题。本章将从理论模型出发，并将消费者异质性指标纳入其中，同时选取了能反映民生的综合性指标 GDP 含金量作为消费者异质性的衡量指标，从而检验消费者异质性对中国进口贸易的影响。

第一节　理论模型

假设在一个开放系统中，有本国 H 和外国 F 两个国家，本国消费者可同时消费一种同质的计价商品 x 和 s 种垂直差异化的进口商品。H 国有 I 个消费者，同样令计价商品的价格为 1，差异品的价格为 p_{hfs}，假定每个消费者都能够消费差异化产品，因此，消费者效用最大化问题为：

$$\max U[x, q_{hfs}] = x \exp\left[\sum_{1}^{S} a_{hs} q_{hfs}\right] \tag{5.1}$$

$$\text{s.t. } x + \sum_{1}^{S} p_{hfs} q_{hfs} \leqslant y_h = l_h m_h \tag{5.2}$$

其中，$a_{hs}>0$，表示消费者的异质性，取决于进口国消费者的特性，不同国家的消费者对同一种差异品的需求是不一样的，即消费者异质性；$a_{hs}q_{hfs}$则表示本国消费者对差异化产品需求的边际效用弹性。假定差异化产品的生产成本为：

$$MC(q_{hfs}) = wt_{hf}\exp[\theta_s q_{hfs}] = p_{hfs} \tag{5.3}$$[①]

其中，在第一个等式中，w 表示计价商品的生产成本；$\theta_s q_{hfs}$表示第 s 种差异商品的生产成本，是产品质量的增函数；t_{hf}是 H 国从 F 国进口差异商品的贸易净成本。假设 F 国的出口商为完全竞争，故可得到第二个等式，即 H 国进口商品的价格。

联立等式（5.1）至（5.3）式，可求得 H 国消费者从 F 国进口差异化商品的需求量和价格分别为：

$$q_{hfs} = 1/\theta_s\left\{\log l_h m_h - \log wt_{hf} + \log\left[(a_{hs}/\theta_s)\Big/\left(1 + \sum_1^S a_{ls}/\theta_l\right)\right]\right\} \tag{5.4}$$

$$p_{hfs}(q_{hfs}) = l_h m_h(a_{hs}/\theta_s)\Big/\left(1 + \sum_1^S a_{ls}/\theta_l\right) \tag{5.5}$$

假定产品的质量为消费者意愿支付的货币价值，因此，（5.4）式中a_{hs}/θ_s则表示消费者每单位货币支出的消费倾向，即单位支出下的消费者异质性。（5.4）式表明，一国对差异化商品的进口取决于产品的质量、本国人口与个人收入（假定为一国居民的收入水平 GDP）、产品的成本以及消费者的异质性指标：一国对差异化商品的需求与该国居民的收入水平正相关、与商品生产成本负相关，这与经济学直觉相一致；与差异化商品的质量负相关，可能的解释为，商品的质量越高，使用的寿命越长，所以短期再次购买的可能性越低；与本国消费者每单位货币支出的消费倾向正相关，与出口国整体的消费倾向负相关，与两国的贸易

① 此处借鉴了赵锦春和谢建国(2014)的处理方法。

净成本负相关。

(5.5) 式表明，一国对差异化商品的进口价格仅取决于两国的消费者异质性和进口国的国民收入水平[1]. 进口价格与本国消费者的每单位货币支出的消费倾向正相关，与出口国整体的消费倾向负相关，与进口国的国民收入水平正相关。

整理 (5.4) 式和 (5.5) 式，可得到 H 国进口差异化产品的总金额，记为 IM_h：

$$IM_h = 1/\theta_s \left[\log l_h m_h - \log wt_{hf} \log \left[(a_{hs}/\theta_s) \Big/ \left(1 + \sum_{1}^{S} a_{ls}/\theta_l\right) + \log \left[(a_{hs}/\theta_s) \Big/ \left(1 + \sum_{1}^{S} a_{ls}/\theta_l\right) \right] \right. \right. \tag{5.6}$$

命题：一国对差异化商品的进口需求与该国居民的收入水平正相关，与差异化商品的质量负相关，与本国消费者的每单位货币支出的消费倾向正相关，与出口国整体的消费倾向负相关，与两国的贸易净成本负相关。也就是说，一国的进口需求与该国 GDP 正相关，与其消费者异质性正相关，与贸易伙伴消费者异质性负相关，与贸易成本负相关。

第二节　实证模型与数据描述

一、实证模型设定

在经典的贸易引力模型的基础之上，引入消费者异质性，并将实证

---

① 传统的贸易理论大多认为，出口产品的定价取决于生产成本、贸易成本和产品质量等，但对进口品价格的研究几乎没有，直觉上，应该也与上述因素有关，但是由于本书关注消费者的异质性，因此，本书认为进口商品与否主要取决于进口国消费者的需求倾向。

模型设定如下：

$$IM_h = \beta_0 GDP_h^{\beta_1} GDP_f^{\beta_2} DIST_{hf}^{\beta_3} BA_{hf}^{\beta_4} HET_{hf}^{\beta_5} \mu_{hf} \tag{5.7}$$

其中，IM_h 为 COMTRADE 数据库中国家层面的进口贸易数据，GDP_h 和 GDP_f 分别表示进口国 H 国和出口国 F 国的生产总值，$DIST_{hf}$表示中国与出口国首都或经济中心的距离①，BA_{hf}表示中国与贸易合作伙伴之间的贸易阻力（假设仅考虑双方的贸易成本），HET_{hf}表示中国和贸易伙伴之间的消费者异质性指标，μ 和 β 分别表示模型修正和参数。将多边贸易阻力②引入（5.7）式并对等式取对数，便可以得到以下引力模型：

$$\ln(V_{hft}) = \alpha_1 + \varphi_t + \beta_1 \ln GDP_{ht} + \beta_2 \ln GDP_{ft} + \beta_3 MR + \beta_4 BA_{hf} + \beta_5 DIST_{hf} + \beta_6 HET_{hf} + \beta_7 \sigma_{hf} + \varepsilon_{hft} \tag{5.8}$$

（5.8）式中，V_{hft}表示 t 期中国从某国进口的现价计价的商品总金额（亿美元）；φ_t 表示时间趋势，用以控制时间对进口贸易的影响；MR_{hf}表示多边贸易阻力；σ_{hf}表示中国的固定效应，如国家领土是否接壤的虚拟变量，用以控制不随时间变化的那部分因素；ε_{hft}则表示误差项。

二、变量说明及数据描述

由于本章涉及双方的贸易成本和多边贸易阻力这两个指标，同时，这些指标的数据不能直接获得，所以需要通过相应的计算方法处理。首先，双边贸易成本如下：

$$BA_{hf} = 1 - \{EX_{hf}EX_{fh}/[s^2(GDP_h - EX_h)(GDP_f - EX_f)]\}^{1/(2\rho-2)} \tag{5.9}$$

① http：//www. cepii. fr/CEPII/en/bdd_modele/presentation. asp？ id = 1

② 多边贸易阻力指的是中国与其他国家之间的贸易与目标进口国之间的竞争关系。

(5.9) 式中，s 和 ρ 为参数，分别表示商品可贸易的份额、商品替代弹性，其设定本书参考了诺维等（Novy et al.，2006）和杰克斯（Jacks et al.，2006）的模型，因此，本章将前者设定为0.8，后者为8；EX_{hf}和 EX_{fh}分别表示双边出口额；EX_h 和 EX_f 则表示贸易双方各国的总出口额。

其次，多边阻力的衡量方法参考了钱学峰（2008）以及马涛和刘仕国（2010）的定义：

$$MR_{hf} = \sum_{f=i}^{F}(GDP_f/GDP)\Psi_{fh} \tag{5.10}$$

其中，GDP 表示全世界各国国民生产总值之和，Ψ_{fh}表示贸易自由度指数，公式如下：

$$\Psi_{fh} = \sqrt{(EX_{hf}EX_{fh})/(EX_{hh}EX_{ff})} \tag{5.11}$$

其中，EX_{hh}和 EX_{ff}分别表示贸易双方的国内销售，等于各国 GDP 减去总出口。

因此，本章涉及的变量说明和相应数据来源如表 5－1 所示。

表 5－1　　相关变量说明及数据来源

变量名称	变量符号	相关说明	数据来源
消费者异质性	*HET*	*GDP* 含金量	人均居民可支配收入与人均之比，前者为人均收入乘以储蓄率；数据均来源于世界银行数据库（Worldbank Database）
	HI	幸福感指数	数据来源于世界幸福数据库（World Database of Happiness）
经济规模	GDP_h	中国 GDP	数据均来源于世界银行数据库（Worldbank Database）
	GDP_f	外国各国 GDP	
	GDP	全世界总的生产总值	

续表

变量名称	变量符号	相关说明	数据来源
贸易规模	EX_{hf}、EX_{fh}	中国向各国出口、各国向中国出口，即中国进口	联合国商品贸易统计数据库（UN Comtrade Database）数据加总而得
	EX_h、EX_f	中国总出口、各国总出口，世界总出口	
	EX_{hh}、EX_{ff}	中国国内销售、各国国内销售	各国生产总值减去总出口
贸易成本	BA_{hf}	双边贸易成本	通过（5.9）式计算而得
	MR_{hf}	多边贸易阻力	通过（5.10）式计算而得
贸易距离	$DIST_{hf}$	两国首都或经济中心间距离是否接壤的虚拟变量	数据均来源于CEPII GeoDist数据库
	σ_{hf}		

三、数据统计描述

本章选取2000～2014年86个国家的平衡面板数据进行分析，为了消除数据异方差的影响，本章将对原始数据采取对数化处理方法。其中，由于消费者异质性指标（绝对值）以及双边贸易成本和多边阻力均在0～1之间，所以采取加1后取对数处理[1]。经过对数化处理后，各变量描述性统计量如表5－2所示。

表5－2　各统计量的描述

变量	观察值	算术平均值	标准差	最小值	最大值
LMR	1290	0.058587	0.014582	0.032615	0.073874
LBA	1290	0.186746	0.124127	0.000122	0.564723
LHTf	1290	0.191013	0.077407	0.003098	0.480683

① 这几类指标的数据属于比例值，均在0～1之间，如直接取对数意义不大，所以使用加1后再取对数的方法，其余变量均直接取对数。

续表

变量	观察值	算术平均值	标准差	最小值	最大值
LHTh	1290	0.364206	0.033472	0.299397	0.403994
LGDP	1290	24.99439	2.190074	18.93376	30.48858
LGDPh	1290	28.88266	0.731891	27.81772	29.96898
LEXh	1290	23.55074	2.491242	15.36092	28.11345
LEXhf	1290	27.54517	0.755305	26.24072	28.48117
LWEX	1290	30.06589	0.395193	29.42975	30.52663
LEXf	1290	29.97601	0.365759	29.38471	30.39643
LEXfh	1290	27.40945	0.730943	26.13978	28.30296
LEXhh	1290	28.56975	0.738126	27.5863	29.71297
LEXff	1290	24.57653	2.193434	18.89244	30.39097
LWGDP	1290	33.49948	0.306359	33.02032	33.88818

注：由于贸易距离两个变量是不随着时间而变化，所以在此处忽略了统计说明，表 5－3 单位根检验也进行了忽略，但是后面实证分析时距离变量会进行对数化处理。

第三节　实证检验与结果分析

一、基础性检验

1. 单位根检验

为了避免伪回归出现，需要检验各变量的平稳性，所以本章将对面板数据进行单位根检验。由于本章的面板数据是平衡的，所以选择适合平衡面板数据的 LLC 检验，对数序列的单位根检验结果如表 5－3 所示。

表 5-3　　　　对数序列单位根检验结果

变量	统计数值 t	统计数值 t*	P 值
LMR	-23.9313	-16.4304	0.0000
LBA	-26.5591	-18.6592	0.0000
LHTf	-17.5523	-9.0667	0.0000
LHTh	-23.9591	-18.5212	0.0000
LGDP	-14.9723	-11.8064	0.0000
LGDPh	-8.1202	-6.9905	0.0000
LEXh	-15.1197	-11.6227	0.0000
LEXhf	-24.8997	-23.2444	0.0000
LWEX	-16.3086	-13.4288	0.0000
LEXf	-16.4134	-13.2041	0.0000
LEXfh	-24.7797	-23.3755	0.0000
LEXhh	-5.9964	-3.5702	0.0002
LEXff	-13.2503	-9.5719	0.0000
LWGDP	-18.6034	-17.1468	0.0000

从检验结果看，各变量取对数后序列在 1% 的显著性水平上不存在单位根[①]，因此，可以认为对数序列均为平稳序列，可以直接进入计量方程进行估计。

2. 实证分析结果

由于采取面板数据进行回归分析，需考虑固定效应或随机效应。根据豪斯曼（Hausman）检验的结果，将采取固定效应（包括时间、中国和贸易伙伴）进行分析。

表 5-4 表示逐步增加相应变量进行回归，具体而言，模型（1）和（2）检验结果均显著为正，这与最初的引力模型结论相似。模型（3）考虑了双边距离和贸易距离，结果表明中国进口贸易与两国的 GDP 显著

① 表 5-3 中 *LEXhh* 与其他指标的单位根检验结果不一致，但是由于 0.0002 在 1% 的范围内可以忽略不计，所以也视为其不存在单位根。

正相关，与贸易距离显著负相关，这与理论相一致。但是，与距离无关，这与以往理论不一致，可能与以下逻辑有关：随着科技和交通方式的发展，距离的影响力逐渐消退，也有可能贸易距离在一定程度上其实已经反映了贸易双方的距离特性。模型（4）和模型（5）则考虑到贸易双方的消费者异质性，两者均表明中国进口贸易主要取决于本国（进口国）的消费者异质性，与贸易伙伴国的消费者异质性无关，这与理论部分不太一致①，可能的原因是理论中本国进口量与所有贸易伙伴的消费者异质性总和有关，而本章假设与贸易伙伴消费者异质性有关。

表 5-4　　　　实证分析检验结果

变量	模型（1）	模型（2）	模型（3）	模型（4）	模型（5）
LGDP	0.228*** (0.0201)	0.00255*** (0.000502)	0.00210** (0.000937)	0.00152** (0.000700)	0.00152** (0.000699)
LGDPh	0.846*** (0.0128)	0.973*** (0.000298)	0.743*** (0.000352)	0.717*** (0.000249)	0.717*** (0.000249)
Ldist		0.00303*** (0.00111)	0.000338 (0.000626)	0.000299 (0.000541)	0.000370 (0.000572)
LMR			-15.50*** (0.0372)	-14.05*** (0.0262)	-14.05*** (0.0262)
LBA			0.0400** (0.0156)	0.0309*** (0.0119)	0.0311*** (0.0119)
LHTf				0.00313 (0.00741)	0.00316 (0.00743)
LHTh				1.284*** (0.00243)	1.284*** (0.00244)
contig					0.000791* (0.000466)

① 但是高新（2015）指出，一国出口贸易与进口国的消费者异质性有关，而与出口国消费者异质性无关，从这个角度也可以进行解释。

续表

变量	模型（1）	模型（2）	模型（3）	模型（4）	模型（5）
Constant	-2.731*** (0.248)	-0.781*** (0.0132)	4.977*** (0.0180)	5.362*** (0.0146)	5.361*** (0.0148)
Hausman	0.000	0.000	0.000	0.000	0.000
H-fixed	yes	yes	yes	yes	yes
F-fixed	yes	yes	yes	yes	yes
T-fixed	yes	yes	yes	yes	yes
Observations	1290	1290	1290	1290	1290
Number of country	86	86	86	86	86
R-squared	0.956	0.966	0.975	0.995	0.996

注：括号内是估计系数的标准差；***、**、*分别表示 t 检验值在 1%、5% 和 10% 上的显著性水平，回归结果使用 Stata12.0 估计而得。

将各模型横向比较可以发现，在模型（1）中纳入新的变量时，双方的 GDP 检验结果表明出现遗漏变量偏误的可能性。同时，从拟合优度的角度可以发现：随着新变量的纳入模型的解释力越来越合理，因此，纳入的新变量是有意义的。

基于以上实证结果，用 GDP 的含金量衡量的消费者异质性对一国的进口还是有显著正的影响，这也是本书最关心的部分。

二、稳健性检验

由于实证模型是基于理论结果和传统引力模型建立的，为了检验模型的稳健性，本章将选取国民幸福指数（HI）来衡量消费者异质性。由于 GDP 含金量其实表明的只是收入方面的幸福指数，而忽略了其他方面的影响，因此主观的调查数据在一定程度上更能说明总体的幸福感。需要指出的是，由于主观的国民幸福指数数据的可获得性，同时为了保证面板数据的平衡性，只选取了 2000 ~ 2012 年 25 个国家的相关数据，检验结果如表 5 – 5 所示。

表 5 – 5　　　　　　　　　　稳健性检验

变量	模型（1）	模型（2）	模型（3）	模型（4）
LGDP	0. 518 *** (0. 0426)	0. 108 *** (0. 0227)	0. 0944 *** (0. 0248)	0. 0675 ** (0. 0352)
LGDPh	0. 777 *** (0. 0244)	1. 022 *** (0. 00571)	0. 761 *** (0. 00131)	0. 729 *** (0. 0103)
Ldist		0. 0114 (0. 00909)	−0. 000579 (0. 00112)	−0. 00177 (0. 00126)
LMR			−15. 35 *** (0. 0477)	−14. 40 *** (0. 371)
LBA			−0. 0426 *** (0. 0153)	−0. 265 *** (0. 0956)
LHI				−0. 00711 (0. 00968)
LHIh				0. 183 ** (0. 378)
contig				−0. 00360 (0. 00240)
Constant	−8. 893 *** (0. 665)	−2. 441 *** (0. 152)	4. 527 *** (0. 0345)	2. 649 *** (0. 434)
Hausman	0. 000	0. 000	0. 000	0. 000
H-fixed	yes	yes	yes	yes
F-fixed	yes	yes	yes	yes
T-fixed	yes	yes	yes	yes
Observations	300	300	300	300
Number of country	25	25	25	25
R-squared	0. 958	0. 968	0. 986	0. 994

注：括号内是估计系数的标准差；***、**、* 分别表示 t 检验值在 1%、5% 和 10% 上的显著性水平，回归结果使用 Stata12. 0 估计而得。

表 5－5 结果基本与表 5－4 一致，表明中国进口贸易与贸易双方的 GDP 显著正相关；与两类贸易距离显著负相关，但是与两国贸易距离无关。除了以上指标外，基于引力模型新引入的消费者异质性指标也对中国进口贸易有关，不过贸易伙伴的幸福指数对中国进口无影响。

综上所述，虽然理论与实证结果不完全一致，但是可以发现进口国的消费者异质性（无论是 GDP 含金量还是国民幸福指数）都对进口贸易有显著正的影响，这是本书的核心部分。当然，本章仅限于国家层面的面板数据，消费者异质性对省际的进出口贸易的影响、消费者异质性衡量指标的研究将在后两章展开分析。

第四节　小　结

本章在消费者最优化问题中引入了消费者异质性的假设，研究了消费者异质性对一国进口贸易的影响，并得出以下结论：一国的进口需求与该国 GDP 正相关，与其消费者异质性正相关，与贸易伙伴消费者异质性负相关，与贸易成本负相关。实证分析得出的结果与理论部分基本一致，但是一国进口需求与贸易伙伴的消费者异质性无关。与以往研究有所不同的是，本章关注的（进口国）消费者异质性的确对进口贸易有重要影响，这也是本章研究的意义所在。当然，本章的研究结果也有一定的现实意义：消费者异质性对进口贸易有重要作用，同时高新（2015）指出消费者异质性对出口贸易也有重要作用。因此，消费者的异质性需要得到关注。对此，有以下几点建议：

首先，重视进口贸易对经济增长的作用，改变“只有出口才能影响经济发展”的错误观点。同时，也需要优化进口贸易结构、注重顺差趋于合理化，要从经济社会和环境保护等方面进行多层次多维度考虑，发挥进口在可持续发展中的作用。

其次，由于消费者异质性的重要性，如何量化消费者异质性则是重中之重，也是民生福祉的体现。要纠正单纯以 GDP 为导向的政绩观，需要从经济发展、民生改善、社会发展、生态建设、科技创新等方面的情况进行监测，将发展导向引导到质量效益改进和民生福祉提高上来。

当然，从本章选取的两个消费者异质性指标可以发现：在 GDP 增长的同时，还需要注重人均可支配收入；不仅如此，还需要注重国民幸福感的提升，这不仅表现在收入方面，还需要考虑到就业、环境、心理等各个方面。

综上所述，优化贸易结构、正视经济发展的本质，同时切实关注国内民生需求，不仅对进口贸易、经济合理可持续发展乃至和谐社会的实现都有着重要意义。

第六章 消费者异质性对省际层面进口贸易的影响

2012年中国经济进入了新常态，GDP告别了过去30多年平均10%左右的高速增长。一方面，新常态明确突出了中国经济进一步发展的新的价值取向，即更关注经济发展的质量提高和效益提升，这是中国由经济大国向经济强国转变的关键时期；另一方面，中国和世界经济发展环境的变化背景下预示着外贸形势需要作出调整，即由贸易大国向强国转变，其中进口贸易是非常重要的一方面。通常情况下，对于发达国家的进口贸易主要依赖于“引致需求”[①] 式的内需驱动；发展中国家受发展模式、国民收入水平制约，表现为为了生产和出口而进口。因此，中国向经济强国转变离不开进口贸易的发展，这就取决于进口贸易是否是内需驱动[②]，即离不开消费者的表现。新常态下，需求结构也是优化结构的主要方面。其中，2012年开始，消费需求取代了投资需求成为对经济增长贡献率最大的需求形式；2014年，消费需求、投资需求和出口需求对经济的贡献率分别为54.4%、48.5%和-2.9%，说明需求主体逐步

---

① 所谓的“引致需求”指的是由于一国国内消费需求存在从而产生对国外产品的进口需求。

② 冯雷（2014）指出，在可持续发展的诉求下，发展进口贸易成为与我国以内需拉动经济增长相呼应的必然选择。从贸易大国向贸易强国发展，从注重出口拉动经济增长到注重进口更加有效地利用国际资源，配合以内需为主要拉动力的经济增长模式的转变。

转为消费需求，消费者的作用也显得尤为重要。

对于经济增长而言，1978 年开始，中国 GDP 年平均增长 10% 左右，2012～2013 年，均增长 7.7%，2014 年下降为 7.4%，2018 年更是下降为 6.6%；对于进口贸易发展而言，1995～2018 年贸易总额从 1320.84 亿美元以年均约 17.5% 的增长速度增长为 4.6 万亿美元，进口贸易对经济增长的贡献率也从 18.14% 增长到 18.91%；但是，由于进出口贸易发展的不平衡，2018 年较 2017 年顺差收窄了约 18.30%。不仅如此，中国省际和区域发展也呈现出不平衡的态势，总量上仍然是东部最好、中部次之、西部最差，虽然增长速度有所差异，但总体幅度不明显。具体而言，以 2014 年为例，GDP 排名最好的四个省份为广东、江苏、山东和浙江，均为东部地区，总量（增速）分别为 67792.24 亿元（7.8%）、65088.32 亿元（8.7%）、59426.6 亿元（8.7%）和 40153.5 亿元（7.6%）；排在后三位的分别为宁夏 2752.1 亿元（8.0%）、青海 2301.12 亿元（9.2%）和西藏 920.8 亿元（10.8%）。对于进口贸易的发展也呈现出不平衡的态势，不仅表现在总量和增长速度方面，各省份的进口地区结构也存在着明显的差异，如 2013 年广东省进口总额约为 4551.7 亿美元、增速约为 11%，进口地区主要集中在香港地区、美国、欧盟、日本和韩国等；而新疆进口贸易总额为 52.9 亿美元、增速为 -9.1%，进口地区主要集中在哈萨克斯坦、乌兹别克斯坦、蒙古国、美国、德国、印度等。

无论是中国整体贸易顺差的扩大，还是各省份进口贸易和地区结构差异化，不仅与中国 2005 年后采取的扩大进口持积极态度、减少顺差、促进贸易平衡的指导方针不相符，也与产能过剩、内需不足等现状相背离。虽然进口贸易的重要性越来越受到认可，但是中国进口贸易的快速发展不足以表明是可持续发展，进口贸易是否可持续既要关注贸易本身的发展情况，也要看进口贸易带来的经济效益、社会价值以及民生发展的影响。

目前，多数贸易学者重生产方面轻消费方面，如梅里兹（Melitz，2003）用企业生产效率方面的差异来诠释企业异质性，并指出效率异质性对微观层面的出口贸易有重要影响。这个结论得到学界的广泛认可，但是并不能解释所有贸易现象，极有可能是消费者同质性的假设忽略了消费者的作用。另外，GDP 的重要性毋庸置疑，但是也存在着很多的争议，经济发展速度和规模成为关注的焦点，民生问题则无从体现，而这正是中国发展新常态的主旨，也是经济增长的最终目的。

由于各省份的进口需求存在着差异性，包括总量以及需求结构方面，如果将各地区作为一个消费者，这点就可以说明消费者差异性。从 2000 年开始，根据《地区发展与民生指数编制方案》，中国统计学会和国家统计局统计科学研究所对中国各地区发展与民生指数进行监测，这不仅表明了各地区的经济社会发展，也更加科学、全面地反映了民生改善情况，也为本章选取此指标作为各省份的消费者异质性①提供了依据。

综上所述，进口贸易、消费者需求对经济增长有重要影响，而民生问题是不可忽视的发展宗旨。基于中国进口贸易发展不平衡，本章将从消费者异质性角度出发，与民生问题相结合，研究消费者异质性对省际进口贸易差异的影响。这不仅符合新常态的发展思路，也有一定现实指导意义。

第一节　理论模型

在一个开放经济系统中，包含了进口方 H（有 I 个消费者）、出口

---

① 消费是人通过消费品满足自身欲望的一种经济行为，狭义上指的是个人，实际上也可以指的是一个群体，即一定数量以上的人通过一定的社会关系结合起来进行共同活动而产生相互作用的集体，如一个城市、一个国家都可以视为消费者，而他们满足消费经济行为则存在差异性。

方 F 以及进口方可以消费一种同质的计价商品 x 和 s 种连续的垂直差异化的进口商品。假设计价商品的价格为 1、差异品的价格为 p_{hfs}，进口方可以同时消费两种商品，其中进口方作为消费者在差异化商品方面符合消费者效用最大化问题为：

$$\max U[x, q_{hfs}] = x\exp\left[\int_1^s a_{hs} q_{hfs}\right] \tag{6.1}$$

$$s.t.\ x + \int_1^S p_{hfs} q_{hfs} \leqslant y_h = l_h m_h \tag{6.2}$$

其中，为 H 的总人口；m_h 为 H 的人均 GDP；对于不同进口需求者而言存在着异质性，即对同一种商品的需求存在差异性，可用 $a_{hs}>0$ 表示，且数值大于 0；$a_{hs}q_{hfs}$则说明消费者对差异化产品进口需求的边际效用弹性。同时，考虑到进口差异化商品的成本问题，并假定生产成本为：

$$MC(q_{hfs}) = wt_{hf}\exp[\theta_s q_{hfs}] = p_{hfs} \tag{6.3}$$

（6.3）式中，等式中 w 和 $\exp[\theta_s q_{hfs}]$ 均为生产成本，前者表示计价商品的生产成本，后者则是某一种差异化商品的生产成本且随产品质量递增；t_{hf}是差异化商品进口需求的贸易净成本。右边等式满足一个假设，即为了保证出口方市场为完全竞争，令生产成本直接等于差异化商品的进口价格。

分析步骤和第五章理论模型部分类似，故在此省略。进口方 H 进口差异化产品的总金额，记为 IM_h：

$$IM_h = 1/\theta_s \times \left[\log l_h m_h - \log wt_{hf} \times \log\left[(a_{hs}/\theta_s)/\left(1 + \sum_1^S a_{ls}/\theta_l\right)\right.\right.$$

$$\left.\left. + \log\left[(a_{hs}/\theta_s)/\left(1 + \sum_1^S a_{ls}/\theta_l\right)\right]\right] \tag{6.4}$$

命题：差异化商品的进口需求与进口方的居民收入水平正相关，与进口品的质量以及双方的贸易净成本负相关。结合传统的引力模型，则表明进口需求与双方的 GDP 和进口方消费者异质性正相关，与贸易成本负相关①。

第二节　实证模型与数据描述

一、实证模型设定

将引入消费者异质性和多边贸易阻力②引入传统的贸易引力模型并进行对数处理，便可以得到以下引力模型：

$$\ln(V_{hft}) = \alpha_1 + \varphi_t + \beta_1 \ln GDP_{ht} + \beta_2 \ln GDP_{ft} + \beta_3 MR + \beta_4 BA_{hf} + \beta_5 DIST_{hf} + \beta_6 HET_{hf} + \beta_7 \sigma_{hf} + \varepsilon_{hft} \tag{6.5}$$

其中，V_{hft}表示 t 期各省份从某个贸易伙伴方进口的商品总金额；GDP_h和 GDP_f 分别 t 期表示贸易双方的生产总值；$DIST_{hf}$为各省份与出口方的首都或经济中心的距离③，与时间无关；虽然 BA_{hf}应该表示进口方与贸易伙伴之间的贸易阻力，但是这一阻力主要体现在国家层面，因此，本章假设为中国与贸易合作伙伴之间的贸易阻力；HET_{hf}表示 t 期进口方消费者异质性指标；MR_{hf}表示多边贸易阻力；φ_t 表示时间趋势，用以控制时间对进口贸易的影响；σ_{hf}表示固定效应，如国家领土是否接壤的虚拟变量④、进口方和出口方的区域特性，用以控制与时间无关的相关因素；ε_{hft}表示误差项。

---

① 高新（2015）指出，一国出口贸易与进口国的消费者异质性有关，而与出口国消费者异质性无关。本书研究进口贸易，所以上述分析的前提假设是进口贸易与出口国消费者异质性无关。

② 多边贸易阻力指的是中国与其他国家之间的贸易与目标进口国之间的竞争关系。

③ 距离数据为双方的直线距离而不是加权距离。

④ 本书假设是否接壤的虚拟变量指的是中国与贸易伙伴是否接壤，而不是各省份是否与贸易伙伴接壤。

二、原始数据描述

首先，本章分析的重点是消费者异质性和省际进口贸易差异，将选取2000~2013年共14年的相关数据。其中，省际进口贸易数据为省际层面数据，由于各省份统计资料的完善性有所差异、统计口径不一，还需考虑进口贸易按贸易伙伴进行统计，同时考虑到面板数据的平衡性，本章将选取东部地区（江苏、浙江、天津、福建和上海）、中部地区（江西、安徽、河南、山西和黑龙江）和西部地区（云南、新疆、广西和陕西）共14个省份进行研究。对于不同省份和地区而言，进口贸易都存在差异性，同时，对于不同省份而言，进口地区结构还存在着一定差异，具体如表6-1所示。

表6-1　　　　各省份进口地区结构差异

所处地区	省份	进口国家或地区数	进口国家或地区
东部地区	江苏	65	澳大利亚、巴林、孟加拉国、比利时、柬埔寨、丹麦、埃及、加蓬、中国香港、印度、印度尼西亚、伊朗、日本、喀麦隆、韩国、科威特、中国澳门、马来西亚、摩洛哥、缅甸、新西兰、尼日利亚、巴基斯坦、巴布亚新几内亚、菲律宾、卡塔尔、沙特阿拉伯、新加坡、南非、斯里兰卡、中国台湾、泰国、土耳其、阿联酋、英国、越南、阿根廷、奥地利、巴西、加拿大、智利、哥伦比亚、捷克、芬兰、法国、德国、希腊、匈牙利、爱尔兰、墨西哥、荷兰、挪威、秘鲁、芬兰、葡萄牙、罗马尼亚、俄罗斯、西班牙、瑞典、瑞士、乌克兰、美国、乌拉圭、委内瑞拉
	浙江	13	澳大利亚、比利时、中国香港、日本、韩国、中国台湾、英国、加拿大、法国、德国、意大利、俄罗斯、美国
	天津	36	澳大利亚、奥地利、比利时、缅甸、加拿大、智利、丹麦、埃及、芬兰、法国、德国、荷兰、香港地区、匈牙利、爱尔兰、意大利、日本、马来西亚、墨西哥、新西兰、挪威、菲律宾、波兰、葡萄牙、韩国、罗马尼亚、俄罗斯、西班牙、新加坡、苏丹、瑞典、瑞士、台湾地区、泰国、英国、美国

续表

所处地区	省份	进口国家或地区数	进口国家或地区
东部地区	福建	20	澳大利亚、加拿大、丹麦、芬兰、法国、德国、中国香港、意大利、日本、中国澳门、马来西亚、菲律宾、新加坡、西班牙、瑞典、瑞士、泰国、阿联酋、英国、美国
	上海	27	澳大利亚、比利时、埃及、中国香港、日本、韩国、科威特、马来西亚、摩洛哥、巴基斯坦、沙特阿拉伯、新加坡、中国台湾、泰国、英国、阿联酋、巴西、加拿大、法国、德国、意大利、荷兰、俄罗斯、美国、阿尔及利亚、古巴、苏丹
中部地区	江西	23	澳大利亚、比利时、巴西、加拿大、智利、法国、德国、中国香港、印度尼西亚、意大利、日本、韩国、马来西亚、荷兰、新西兰、巴基斯坦、俄罗斯、新加坡、瑞士、中国台湾、泰国、英国、美国
	安徽	70	阿根廷、澳大利亚、奥地利、孟加拉国、比利时、巴西、保加利亚、加拿大、智利、刚果（金）、捷克、丹麦、埃及、爱沙尼亚、埃塞俄比亚、芬兰、法国、德国、希腊、中国香港、匈牙利、印度、印度尼西亚、伊朗、爱尔兰、以色列、意大利、日本、科威特、立陶宛、卢森堡、马来西亚、马耳他、墨西哥、摩洛哥、缅甸、荷兰、新西兰、尼日利亚、挪威、巴基斯坦、巴拿马、秘鲁、菲律宾、葡萄牙、波兰、卡塔尔、韩国、罗马尼亚、俄罗斯、沙特阿拉伯、新加坡、斯洛文尼亚、南非、西班牙、斯里兰卡、苏丹、瑞典、瑞士、中国台湾、坦桑尼亚、泰国、土耳其、乌克兰、阿联酋、英国、美国、乌拉圭、越南、赞比亚
	河南	6	澳大利亚、加拿大、德国、中国香港、日本、美国
	山西	26	澳大利亚、巴西、加拿大、古巴、法国、德国、中国香港、印度、印度尼西亚、意大利、日本、哈萨克斯坦、马来西亚、墨西哥、荷兰、新西兰、秘鲁、韩国、俄罗斯、新加坡、南非、中国台湾、泰国、土耳其、英国、美国
	黑龙江	56	阿根廷、澳大利亚、奥地利、阿塞拜疆、比利时、巴西、白俄罗斯、加拿大、智利、捷克、丹麦、埃及、芬兰、法国、德国、希腊、中国香港、匈牙利、印度、印度尼西亚、伊朗、爱尔兰、以色列、意大利、日本、立陶宛、马来西亚、墨西哥、荷兰、新西兰、挪威、秘鲁、菲律宾、波兰、韩国、罗马尼亚、俄罗斯、沙特阿拉伯、新加坡、捷克、斯洛文尼亚、南非、西班牙、苏丹、瑞典、瑞士、中国台湾、坦桑尼亚、泰国、土耳其、乌克兰、阿联酋、英国、美国、乌拉圭、越南

续表

所处地区	省份	进口国家或地区数	进口国家或地区
西部地区	云南	41	澳大利亚、奥地利、比利时、巴西、加拿大、智利、丹麦、德国、芬兰、法国、中国香港、印度、印度尼西亚、伊朗、以色列、意大利、日本、科威特、老挝、马来西亚、墨西哥、缅甸、新西兰、秘鲁、菲律宾、卡塔尔、俄罗斯、沙特阿拉伯、新加坡、南非、西班牙、瑞典、瑞士、中国台湾、泰国、荷兰、韩国、阿联酋、英国、美国、越南
	新疆	36	澳大利亚、奥地利、比利时、加拿大、丹麦、芬兰、法国、德国、中国香港、印度、印度尼西亚、伊朗、爱尔兰、以色列、意大利、日本、韩国、马来西亚、蒙古国、荷兰、新西兰、挪威、巴基斯坦、菲律宾、俄罗斯、沙特阿拉伯、新加坡、西班牙、瑞典、瑞士、中国台湾、泰国、土耳其、乌克兰、英国、美国
	广西	24	加拿大、加蓬、南非、美国、澳大利亚、比利时、芬兰、法国、德国、中国香港、印度、印度尼西亚、意大利、日本、马来西亚、荷兰、韩国、俄罗斯、新加坡、西班牙、台湾地区、泰国、英国、越南
	陕西	19	澳大利亚、比利时、加拿大、法国、德国、中国香港、爱尔兰、意大利、日本、韩国、罗马尼亚、俄罗斯、新加坡、瑞典、瑞士、中国台湾、乌克兰、英国、美国

其次，结合理论和实证部分，本章涉及的变量情况如下：

1. 消费者异质性指标

变量符号记为 HET，包含地区发展与民生指数（DLI）和 GDP 含金量两类指标。前者表示地区的民生和发展程度，对于一个地区而言，这个指标在一定程度上表明了该地区对进口贸易的吸收能力，即地区消费者对进口品的购买能力，数据来源于国家统计局，单位为“%”；后者表示为人均居民可支配收入与人均之比，体现了某个地区的收入能力，也体现了其对进口品的购买力，其中相关数据均来源于各省历年统计年鉴整理计算所得，且数值在 0 ~ 1 之间。在实证部分选取地区发展与民生指数作为消费者异质性的衡量指标，而 GDP 含金量则用于稳定性检验部分。

2. 经济规模指标

这一类指标包括各省的生产总值、中国GDP、贸易伙伴的GDP和全世界的生产总值四类，分别记为GDP_h、GDP_c、GDP_f和GDP_w，单位均为现价美元计价；各省的生产总值来源于各省相关年限的统计年鉴，其余三类指标数据均来源于世界银行数据库（Worldbank Database）。

3. 贸易规模指标

首先，各省从各国进口贸易总额，记为IM_h，数据来源于历年相关省份的统计年鉴。

其次，中国与贸易伙伴之间的贸易规模指标：中国向各国出口（记为EX_{cf}）、各国向中国出口，即中国进口（记为EX_{fc}），数据来源于联合国商品贸易统计数据库（UN Comtrade Database）。中国和贸易伙伴各自贸易总规模指标：中国总出口（记为EX_c）、各国总出口（记为EX_f），数据来源于联合国商品贸易统计数据库（UN Comtrade Database）。世界总出口（记为WEX），数据来源于联合国商品贸易统计数据库（UN Comtrade Database）整理计算所得。中国国内销售、各国国内销售，分别记为EX_{cc}、EX_{ff}，由各自生产总值减去各自总出口计算所得。贸易规模这一类指标都是以现价美元为计价单位。

4. 贸易成本指标

首先，双方的贸易成本和多边贸易阻力无法直接获得，但是可以借鉴其他文献的处理方法计算获得。需要注意的是，本章考察省际进口贸易，故假设从中国与贸易国[①]角度进行衡量。双边贸易成本如下：

$$BA_{hf} = BA_{cf} = 1 - \{EX_{cf}EX_{fc}/[s^2(GDP_c - EX_c)(GDP_f - EX_f)]\}^{1/(2\rho-2)} \tag{6.6}$$

① 本书在此处做了特殊处理，虽然理论上各省份双方的贸易成本和多边贸易阻力应该取决于各自与外部的竞争，但是，对于进出口而言，它们绝大部分都是取决于中国整体对国际贸易的影响。因此，这两类指标仅取决于中国与贸易伙伴在国家层面之间的关系。

（6.6）式中，所有表中的 C 均表示中国（下同）；和第五章一样，参考诺维（Novy，2006）和杰克斯（Jacks，2006）将商品可贸易的份额、商品替代弹性记为参数和，并分别设定为 0.8 和 8；EX_{cf} 和 EX_{fc} 分别表示本国和外国的双边出口额；EX_c 和 EX_{cf} 则表示贸易双方的总出口额。

其次，假设多边贸易阻力也是从国家层面考虑，仍参考钱学峰（2008）以及马涛和刘仕国（2010）的方法定义多边阻力：

$$MR_{hf} = MR_{cf} = \sum_{f=i}^{F} (GDP_f / GDP_w) \Psi_{fc} \tag{6.7}$$

其中，GDP_w 表示全世界的生产总值，即各国生产总值之和；Ψ_{fc} 表示贸易双方的自由度指数，公式如下：

$$\Psi_{fc} = \sqrt{(EX_{cf} EX_{fc}) / (EX_{cc} EX_{ff})} \tag{6.8}$$

其中，EX_{cc} 和 EX_{ff} 表示贸易双方各自的国内销售额，等于 GDP 减去各自的总出口额。

对于进口贸易而言，理论上，诺维（Novy，2006）和杰克斯（Jacks，2006）说明了双方贸易成本的增加应使双方贸易额减少，同时，钱学峰（2008）以及马涛和刘仕国（2010）也指出，多边贸易阻力会减少出口贸易额。（6.6）式和（6.7）式计算数据来源于前面三类相关数据，所得的结果在 0 ~ 1 之间。

5. 贸易距离指标

本书涉及的这类指标主要是贸易双方直线距离[①]，数据来源于 http://www.jisuan.info/，单位为“km”。

---

① 虽然，现在研究中常用的距离是 CEPII 提供的加权距离，但是加权对象只考虑了首都和主要城市之间的加权，主要表示两国或地区间的距离。本书研究对象为省份与不同地区结构间的进口贸易，为了避免相似，采取直线距离，即各省份的中心位置和贸易伙伴中心位置之间的距离。

三、统计性描述

为了尽可能减少数据异方差性的影响，本章仍对原始数据进行对数化处理。其中，由于双边贸易成本的两类指标和消费者异质性衡量指标均在0~1之间，所以本书先对这些指标原始数据加1，然后进行对数化处理[①]。在此基础上，对各变量进行描述性统计，如表6-2所示。

表6-2　各统计量的描述[①]

变量	观察值	算术平均值	标准差	最小值	最大值
LIM	6468	17.3633	2.852395	9.21034	24.6482
LGDPh	6468	25.47177	1.087829	22.31865	28.43479
LGDPf	6468	26.63262	1.560596	20.85157	30.4505
LGDPc	6468	28.80507	0.6951563	27.81772	29.88132
LGDPw	6468	31.56918	0.2934085	31.12991	31.96338
LEXc	6468	27.46946	0.7264498	26.24152	28.34834
LEXf	6468	25.04491	1.896684	14.39814	28.02306
LEXw	6468	30.03827	0.3945166	29.42975	30.54727
LEXcf	6468	22.64772	1.751085	14.59848	26.67391
LEXfc	6468	22.29748	1.971517	13.83507	25.99627
LEXff	6468	22.95321	12.79624	-27.01041[②]	30.3581
LEXcc	6468	28.49056	0.699399	27.58609	29.65129
LHETh	6468	3.949575	0.2370718	3.463233	4.470953
LBA	6468	0.376774	0.0676769	0.1519175	0.5701896
LMR	6468	0.1608705	0.0228062	0.1181268	0.1960862

注：①由于贸易距离两个变量是不随着时间而变化，所以在此处忽略了统计说明，表6-3单位根检验也进行了忽略，但是后面实证分析时距离变量会进行对数化处理。

②由于*EXff*表示为外国*GDP*减去总出口，有些国家某些年份为负数，因此取对数时做了一下特殊处理，如果$EXff>0$，则为$ln(EXff)$，如果$EXff<0$，则为$-ln(-EXff)$，所以此处的结果为负数。

---

① 这几类指标的数据属于比例值，均在0~1之间，如直接取对数意义不大，所以使用加1后再取对数的方法，其余变量均直接取对数。

第三节 实证检验与结果分析

一、基础性检验

1. 单位根检验

由前述可知，本章选取的数据为平衡的面板数据，因此，为了避免在回归分析过程中伪回归的出现，将选择适合平衡面板数据的 LLC 检验，对数序列的单位根检验结果如表 6－3 所示。

表 6－3　对数序列单位根检验结果

变量	统计数值 t	统计数值 t*	*P* 值
LIM	－33.4637	－22.8075	0.0000
LGDPh	－27.0314	－23.7360	0.0000
LGDPf	－31.4230	－24.5570	0.0000
LGDPc	－7.0564	－3.4098	0.0003①
LGDPw	－33.6938	－30.8418	0.0000
LEXc	－57.0968	－52.6353	0.0000
LEXf	－1.4e＋02	－1.4e＋02	0.0000
LEXw	－29.1496	－24.0810	0.0000
LEXcf	－45.6973	－40.7156	0.0000
LEXfc	－32.1676	－26.1073	0.0000
LEXff	－4.6e＋02	－5.0e＋02	0.0000
LHETh	－72.792	－38.24733	0.0000②
LBA	－53.1026	－42.3606	0.0000
LMR	－63.0704	－30.7471	0.0000

注：①*LGDPc* 与其他指标的单位根检验结果不一致，但是由于 0.0003 在 1% 的范围内可以忽略不计，所以也视为其不存在单位根。

②*LHETh* 的面板单位根为一阶差分后的 *P* 值，表明在一阶差分后，单位根不存在。

从检验结果看，除了 *LHETh* 之外，各变量取对数后序列在 1% 的显著性水平上并不存在单位根，而 *LHETh* 解释如注释所示，因此可以认为对数序列均为平稳序列，可以直接进入计量方程进行估计。

2. 实证分析结果

面板数据的回归分析，需考虑回归模型是否具有固定效应或随机效应，因此，在不同的回归模型中结合豪斯曼（Hausman）检验，检验如果见表 6-4 的下半部分。

表 6-4　实证分析检验结果

变量	模型（1）	模型（2）	模型（3）	模型（4）
LGDPh	0.940*** (0.0304)	0.872*** (0.0303)	0.652*** (0.161)	0.467*** (0.171)
LGDPf	0.898*** (0.0381)	0.819*** (0.0375)	0.790*** (0.132)	0.729*** (0.127)
Ldist	-0.825*** (0.111)	-0.490*** (0.109)	-0.783*** (0.221)	-0.600** (0.290)
LMR		-0.674 (0.559)		-0.753 (0.569)
LBA		-6.110*** (0.581)		-5.933*** (1.162)
LHETh			1.244** (0.506)	1.618*** (0.523)
Constant	-23.34*** (1.172)	-19.99*** (1.166)	-18.42*** (3.119)	-12.80*** (3.718)
Hausman	0.0028①	0.000	0.000	0.000
H-fixed	yes	yes	yes	yes
F-fixed	yes	yes	yes	yes
T-fixed	yes	yes	yes	yes

续表

变量	模型（1）	模型（2）	模型（3）	模型（4）
Observations	6468	6468	6468	6468
Number ofcross sections	462	462	462	462
R-squared	0.856	0.867	0.862	0.901

注：括号内是估计系数的标准差；***、**、* 分别表示 t 检验值在 1%、5% 和 10% 上的显著性水平，回归结果使用 Stata12.0 估计而得。

①由于豪斯曼（*Hausman*）检验的最终结果是 0.0028，虽然不是 0.000，但更倾向于选择固定效应模型，所以此处将选择固定效应模型。

本章考虑到的固定效应分别为时间效应、各省份和贸易伙伴的固定效应。表 6－4 中，四个模型分别考虑到不同因变量指标：模型（1）为最简单的引力模型，其结果表明中国省际进口贸易与中国和贸易伙伴经济总量显著正相关，与双方距离显著负相关，与传统结论相一致；模型（2）又考虑了贸易成本指标，即双方的贸易成本和多边贸易阻力，结果表明双方的贸易成本与进口贸易额显著负相关，多边贸易阻力为负相关但不显著，基本与诺维（Novy，2006）、杰克斯（Jacks，2006）、钱学峰（2008）以及马涛和刘仕国（2010）的结论一致；模型（3）则考虑到消费者异质性（即地区发展与民生指数）的影响，检验结果表明在不违背传统引力模型的基础上，地区发展与民生指数有显著促进作用，而且与模型（1）相比较拟合度更高；模型（4）则说明了对本章的理论结果的支持，双方经济总量对进口贸易有着显著促进作用，而双方的地理距离、贸易成本显著抑制进口贸易的发展，多边贸易阻力则对抑制进口贸易的发展不显著；进口方的消费者异质性也显著促进进口贸易的发展。在传统引力模型基础上逐步纳入新的变量时，一定程度上可以避免遗漏变量偏误出现的可能性。同时，拟合优度越来越好，在一定程度上表明解释力越来越合理。

基于以上实证结果，用地区发展与民生指数衡量的消费者异质性对一国的进口还是有显著正的影响，这也是本章最关心的部分。

二、差异性检验

由于本章研究的对象是省际进口贸易，由数据和现实表现不难发现，中国进口贸易在省际和区域上差异还是很明显的。因此，为了促进进口贸易符合新常态并且持续发展，本章将以此为目的进行研究，实证主要体现在进口方的省际和区域特性、进口地区结构差异这几个部分。具体而言，本章选取的14个省份不仅考虑到东、中、西部的区域差异，还考虑到各省份自身的差异，同时还将进口地区分为亚洲、非洲、欧洲、大洋洲、北美和南美洲几部分，并考察地区结构差异对进口贸易的影响，简称为差异性检验，如表6-5所示。

表6-5　　差异性实证检验

变量	仅区域特性	仅省际差异	仅进口地区结构差异	区域特性+进口地区结构差异	省际差异+进口地区结构差异
LGDPh	0.500*** (0.0311)	-0.478* (0.233)	0.545*** (0.0333)	0.493*** (0.0276)	-0.454*** (0.164)
LGDPf	0.771*** (0.0122)	0.747*** (0.0118)	0.808*** (0.0101)	0.789*** (0.0168)	0.764*** (0.0167)
Ldistance	-0.143*** (0.0441)	-0.123** (0.0465)	-0.664*** (0.0481)	-0.596*** (0.0484)	-0.559*** (0.0475)
LBA	-11.85*** (0.385)	-11.42*** (0.391)	-10.92*** (0.280)	-10.89*** (0.429)	-10.75*** (0.422)
LMR	-0.438 (0.833)	-0.601 (0.754)	-0.605 (0.707)	-0.513 (0.870)	-0.651 (0.848)
LHETh	5.646*** (0.225)	4.398*** (0.383)	6.926*** (0.256)	5.897*** (0.210)	4.586*** (0.653)

续表

变量	仅区域特性	仅省际差异	仅进口地区结构差异	区域特性+进口地区结构差异	省际差异+进口地区结构差异
LHEThdumasia			−0.351*** (0.0192)	−0.340*** (0.0267)	−0.332*** (0.0262)
LHEThdumafrica			−0.210*** (0.0266)	−0.200*** (0.0307)	−0.220*** (0.0302)
LHEThdumeurope			−0.262*** (0.0119)	−0.261*** (0.0243)	−0.240*** (0.0238)
LHEThdumla			0.0375 (0.0251)	0.0545* (0.0303)	0.0531* (0.0296)
LHEThdumna			−0.159*** (0.0128)	−0.158*** (0.0315)	−0.165*** (0.0308)
LHEThdumcenter	−0.205*** (0.0182)			−0.208*** (0.0187)	
LHEThdumwest	−0.0695** (0.0235)			−0.0681*** (0.0250)	
LHEThdumah		−0.802*** (0.107)			−0.778*** (0.0947)
LHEThdumyn		−0.777*** (0.131)			−0.769*** (0.116)
LHEThdumxj		−1.122*** (0.176)			−1.095*** (0.133)
LHEThdumgx		−0.699*** (0.127)			−0.684*** (0.108)
LHEThdumfj		−0.460*** (0.121)			−0.443*** (0.0864)

续表

变量	仅区域特性	仅省际差异	仅进口地区结构差异	区域特性+进口地区结构差异	省际差异+进口地区结构差异
LHEThdumhn		−0.499*** (0.0807)			−0.530*** (0.0847)
LHEThdumsxi		−0.736*** (0.139)			−0.720*** (0.107)
LHEThdumjx		−0.875*** (0.120)			−0.884*** (0.106)
LHEThdumtj		−0.664*** (0.140)			−0.649*** (0.112)
LHEThdumshx		−0.807*** (0.110)			−0.816*** (0.109)
LHEThdumhlj		−1.019*** (0.126)			−0.998*** (0.0981)
LHEThdumsh		−0.245** (0.105)			−0.219** (0.0893)
LHEThdumzj		−0.251** (0.0835)			−0.266*** (0.0675)
Constant	−32.07*** (0.718)	0.296 (5.184)	−34.42*** (0.714)	−28.82*** (1.213)	2.887 (4.451)
Observations	6468	6468	6467	6467	6467
R-squared	0.942	0.962	0.947	0.959	0.977
Number of year	14	14	14	14	14

注：括号内是估计系数的标准差；***、**、*分别表示t检验值在1%、5%和10%上的显著性水平，回归结果使用Stata12.0估计而得。

本章将进口地区结构分为亚洲、非洲、欧洲、拉丁美洲、北美和大洋洲，并将大洋洲视为参考组，*dumasia*、*dumafrica*、*dumeurope*、*dumla* 和 *dumna* 分别设为0和1的虚拟变量，而 *LHEThdumasia*、*LHEThdumaf-*

rica、*LHEThdumeurope*、*LHEThdumla* 和 *LHEThdumna* 分别为消费者异质性与进口地区结构虚拟变量的交叉项；将各地区所处区域分为东、中、西部，其中东部地区设为参考组，并用 *dumcenter*、*dumwest* 分别设置为中部和西部的虚拟变量，而 *LHEThdumcenter*、*LHEThdumwest* 则为消费者异质性与区域特性的交叉效应。同理，假设江苏为参考组，其他 13 个省份可取为虚拟变量以及消费者异质性与省际差异的交叉项。其结果表明，不同交叉效应对进口贸易的影响有很明显的差别。

为了更好地进行分析，将数据整理为如表 6－6 所示：仅考虑进口省份所处区域特性的交叉效应（如第一列），东部效应最大、西部次之、中部最小，即区域特性的交叉效应的存在，使得地区发展与民生指数引起进口贸易变化的弹性分别为东部（5.646）、西部（5.5765）、中部（5.441）；仅考虑进口省份差异的交叉效应（如第二列），地区发展与民生指数引起进口贸易变化的弹性也有明显差异，从大到小依次为江苏（4.398）、上海（4.153）、浙江（4.147）、福建（3.938）、河南（3.899）、天津（3.734）、广西（3.699）、陕西（3.662）、云南（3.621）、安徽（3.596）、山西（3.591）、江西（3.523）、黑龙江（3.379）和新疆（3.276），这部分基本与区域特性交叉弹性一致；仅考虑进口地区结构差异，其弹性从大到小分别为拉丁美洲（6.9635）、大洋洲（6.926）、北美洲（6.767）、非洲（6.716）、欧洲（6.664）和亚洲（6.575）。考虑到两种交叉效应相结合，如东部、中部、西部区域特性和进口地区结构差异相结合的交叉效应，弹性从大到小分别为拉丁美洲（东部为 5.9515、中部为 5.7435、西部为 5.8834）、大洋洲（东部为 5.897、中部为 5.689、西部为 5.8289）、北美洲（东部为 5.739、中部为 5.531、西部为 5.6709）、非洲（东部为 5.697、中部为 5.489、西部为 5.6289）、欧洲（东部为 5.636、中部为 5.428、西部为 5.5679）和亚洲（东部为 5.557、中部为 5.349、西部为 5.4889）；进口省份差异和进口地区结构差异相结合的交叉效应则更为复杂，具体如表 6－6 所示。

表 6.6　　各种交叉效应相应结果

仅包括区域特性交叉效应	仅包括省际差异交叉效应	所处区域	进口地区结构差异 / 省际差异或区域特性差异	亚洲	非洲	欧洲	拉丁美洲	北美	大洋洲
				6.575	6.716	6.664	6.9635	6.767	6.926
5.646	4.398	东部地区	江苏	4.254	4.366	4.346	4.6391	4.421	4.586
5.646	4.147		浙江	3.988	4.1	4.08	4.3731	4.155	4.32
5.646	3.734		天津	3.605	3.717	3.697	3.9901	3.772	3.937
5.646	3.938		福建	3.811	3.923	3.903	4.1961	3.978	4.143
5.646	4.153		上海	4.035	4.147	4.127	4.4201	4.202	4.367
		区域特性＋进口地区结构差异交叉效应		5.557	5.697	5.636	5.9515	5.739	5.897
5.441	3.523	中部地区	江西	3.37	3.482	3.462	3.7551	3.537	3.702
5.441	3.596		安徽	3.476	3.588	3.568	3.8611	3.643	3.808
5.441	3.899		河南	3.724	3.836	3.816	4.1091	3.891	4.056
5.441	3.591		山西	3.438	3.55	3.53	3.8231	3.605	3.77
5.441	3.379		黑龙江	3.256	3.368	3.348	3.6411	3.423	3.588
		区域特性＋进口地区结构差异交叉效应		5.349	5.489	5.428	5.7435	5.531	5.689

续表

仅包括区域特性交叉效应	仅包括省际差异交叉效应	所处区域	进口地区结构差异 / 省际差异或区域特性差异	亚洲	非洲	欧洲	拉丁美洲	北美	大洋洲
				6.575	6.716	6.664	6.9635	6.767	6.926
5.5765	3.621	西部地区	云南	3.485	3.597	3.577	3.8701	3.652	3.817
5.5765	3.276		新疆	3.159	3.271	3.251	3.5441	3.326	3.491
5.5765	3.699		广西	3.57	3.682	3.662	3.9551	3.737	3.902
5.5765	3.662		陕西	3.534	3.646	3.626	3.9191	3.701	3.866
		区域特性+进口地区结构差异交叉效应		5.4889	5.6289	5.5679	5.8834	5.6709	5.8289

但是，无论是考虑单个因素的交叉弹性还是两个因素的交叉弹性，可以发现从任何一个维度进行分析以下结论都是成立的：东部效应最大、西部次之、中部最小；江苏、上海、浙江、福建、河南、天津、广西、陕西、云南、安徽、山西、江西、黑龙江和新疆依次减少；拉丁美洲、大洋洲、北美、非洲、欧洲和亚洲的交叉效应依次减少。

三、稳健性检验

本章研究的是省际进口贸易的差异，虽然前文笔者将地区发展与民生指数作为（省际）消费者异质性衡量指标的检验符合传统引力模型理论和理论结果，但是对于进口贸易消费而言，收入能力在一定程度上体现了省际层面的购买能力。因此，为了检验模型的稳健性，本章将选取GDP含金量作为消费者异质性衡量指标进行检验，平衡面板数据构成的其他因素和上一部分一致，检验结果如表6－7所示。

表6－7 稳健性检验

变量	模型（1）	模型（2）	模型（3）	模型（4）
LGDPh	1.162*** (0.0284)	1.219*** (0.0272)	1.253*** (0.0259)	0.950*** (0.0378)
LGDPf	0.972*** (0.0174)	1.012*** (0.0167)	0.837*** (0.0172)	0.839*** (0.0171)
Ldist		−0.872*** (0.0345)	−0.186*** (0.0419)	−0.189*** (0.0415)
LBA			−12.58*** (0.478)	−12.66*** (0.473)
LMR			−0.0478 (1.054)	−0.0322 (1.035)
LGDPgold				3.515*** (0.322)

续表

变量	模型（1）	模型（2）	模型（3）	模型（4）
Constant	-38.10*** (0.906)	-33.08*** (0.887)	-30.51*** (0.868)	-21.55*** (1.189)
Hausman	0.000	0.000	0.000	0.000
H-fixed	yes	yes	yes	yes
F-fixed	yes	yes	yes	yes
T-fixed	yes	yes	yes	yes
Observations	6468	6468	6468	6468
Number ofcross sections	462	462	462	462
R-squared	0.840	0.857	0.876	0.916

注：括号内是估计系数的标准差；***、**、*分别表示 t 检验值在 1%、5% 和 10% 上的显著性水平，回归结果使用 Stata12.0 估计而得。

表 6-7 结果基本与表 6-4 一致，省际进口贸易与贸易双方的经济总量显著正相关，与两类贸易距离中双边贸易成本显著负相关，与多边贸易阻力负相关但是不显著，与基于引力模型新引入的消费者异质性指标显著正相关。

综上所述，进口方的消费者异质性（无论是 GDP 含金量还是地区发展与民生指数）对进口贸易有显著正的影响，这是本章的核心部分。当然，本章仅限于省际层面的消费者异质性对省际的进口贸易的影响，对于省际出口贸易以及微观层面的研究将是笔者今后研究的重点方向。

第四节 小 结

本章仍然在消费者最优化问题中引入了消费者异质性的假设，研究了省际层面的消费者异质性对中国省际进口贸易的影响，理论和实证部分得到较为一致的结论：省际进口贸易与贸易双方的经济总量显著正相关，与两类贸易距离中双边贸易成本显著负相关，与多边贸易阻力负相关但是不显著，与消费者异质性指标显著正相关。在此基础之上，本章考虑到省际进口贸易在总额、进口地区结构等方面的差异，还考虑到差异弹性的分析：无论是考虑单个还是两个因素的交叉弹性，均可发现东部效应最大、西部次之、中部最小；江苏、上海、浙江、福建、河南、天津、广西、陕西、云南、安徽、山西、江西、黑龙江和新疆依次减少；拉丁美洲、大洋洲、北美、非洲、欧洲和亚洲的交叉效应依次减少。这也为消除地区发展不平衡提供了一些思路。

与以往研究有所不同的是，本章关注的省际层面的消费者异质性的确对省际进口贸易差异有着重要影响，这不仅有理论意义，也有一定的现实指导作用。本章基于省际层面发现消费者异质性对进口贸易有重要作用，同时高新（2015）指出消费者异质性对出口贸易也有重要作用，这必然对中国经济发展有重要作用。随着中国经济新常态的呈现，区域经济发展平衡、经济可持续发展，中国从贸易大国、经济大国向贸易强国转变都成为重点问题。在可持续发展的诉求下，发展进口贸易成为内需拉动经济增长的必然选择，从贸易大国向贸易强国发展，从注重出口拉动经济增长到注重进口更加有效地利用国际资源，配合以内需为主要拉动力的经济增长模式的转变，同时，以提高经济发展质量和效益为中心的价值取向的观点逐渐得到广泛认可，民生问题越来越受重视。程恩富指出，依据“科学发展观”不仅要追求 GDP 增长，更要提高人民的实际福利水平。因此，消费者需求层面、民生问题、省际进口贸易差异化都需要得到关注，省际贸易差异有多重因素长期积累而成，短时间得到改善不太现实，需要有一个长远的改善目标。因此，建议如下：

第一，国际贸易的本质之一是比较优势，而中国低成本优势不断削弱，使得新常态下外需的增长空间很小，出口贸易推动经济增长缺乏足够动力，基于全球角度，进口和出口实质上同等重要。因此，发展内需即进口贸易对经济增长的作用也非常重要，这就需要改变“只有出口才能影响经济发展”的错误观点，同时，也需要优化进口贸易结构、注重顺差趋于合理化。

第二，基于中国经济和世界经济的发展，中国需要从经济与贸易大国向强国转变。一方面，所谓贸易大国就是将“国内资源 + 国际市场”充分结合，而贸易强国主要体现在“国际资源 + 国内市场”即进口贸易方面。另一方面，贸易强国的内涵是追求国民经济发展的质量，而不单单是数量。因此，环境保护、社会民生等方面均应得到重视，注重可持续发展。本章选取 DLI 地区发展与民生指数和 GDP 含金量来衡量消费者异质性，符合中国可持续发展的理念，对于进口贸易而言更应如此，要从经济社会和环境保护等方面进行多层次多维度考虑，发挥进口在可持续发展中的作用。

第三，协调进出口方式转变与国民经济发展方式的互动。进口的发展主要目的是平衡贸易，只是宏观经济所强调的，但并不意味着忽视出口贸易的发展，注重进出口平衡的同时，对出口贸易也同样需要注重数量和质量相结合。

第四，需建立并完善民生福祉指标的衡量体系。要纠正单纯以 GDP 为导向的政绩观，需要从经济发展、民生改善、社会发展、生态建设、科技创新等方面进行监测，将发展导向引导到质量效益改进和民生福祉提高上来。政府应该建立完善的指标体系，可以更好地观测人们的福利水平变化，寻求进口规模、区域结构与经济效益之间的平衡发展。

第五，对于省际经济和贸易发展不平衡而言，在平衡各省进口贸易总额的同时还应注意质量方面的平衡，结合本章的研究可以体现在将发展数量和质量相结合，充分利用消费者异质性对进口贸易发展的促进作用，同时还需要平衡好进口地区结构差异。消费者异质性也为区域差异分析提供了一个新的分析角度，为了克服区域发展不平衡，政府除了关注供给侧，也应该多关注需求侧。

第六，无论国家还是各省，制定和实施进口战略时需要将国家层面的进口政策与国内深化改革、扩大开放结合起来，还需要兼顾消费者和生产者的利益。

当然，很多研究表明经济发展会增长福利，从而提升消费者的幸福程度，而消费者异质性（倾向高水平）又会促进经济发展。因此，经济发展与消费者异质性是相辅相成的，这也表明经济发展与民生问题也应该相互促进。所以，优化贸易结构、正视经济发展的本质，同时切实关注国内民生需求，不仅对进口贸易、经济合理可持续发展乃至和谐社会的实现都有着重要意义。

第七章　基于非平衡面板的消费者异质性对省际层面进口贸易的影响

经历改革开放40年的快速发展，中国经济仍在全球化并向强国转变的道路上前行。中国是全球化和自由贸易的受益者也是忠实的拥护者和执行者。但是，英国脱欧、“中美贸易战”等反全球化和反自由贸易现象在一定程度上反映了国际市场发展失衡，加之长期以来国内发展失衡，“人类命运共同体”“新时期的社会主要矛盾的转变”以及“主动扩大进口贸易”的提出，预示着中国已经认识到“两个市场”均衡发展的重要性。以往全球化、自由贸易更多和生产供给方面联系起来而忽略了消费需求方面的作用，实质上，扩大进口贸易是两个市场平衡发展的连接点，而进口贸易的行为主体的特性（消费者异质性）则会影响进口贸易的发展。本章将基于消费者异质性（DLI指数和GDP含金量）视角对省际进口贸易进行分析，这不仅有助于深刻认识省际进口贸易发展对中国全球化和自由贸易的重要性，更有助于国家设计更为合理的全球发展战略，从而使得中国经济发展更具韧性。考虑到零贸易现象的存在（即非平衡面板），将利用固定效应方法（FE）、变异数分析（ANOVA）方法、极大似然估计方法（MLE）和受约束的极大似然估计方法（REML）进行参数估计；考虑到内生性问题，将利用工具变量和动态面板分析两种方法进行分析，结论均是稳健的。

第一节　引　言

改革开放40年，借助劳动力成本优势和扩张性出口贸易模式中国经济得到快速发展，经济总量攀升至仅次于美国的地位在很大程度上受益于全球化和自由贸易。目前在反全球化和反自由贸易的国际环境以及内部发展问题不断累积的情况下，中国正处于积极转变的阶段。就国际环境而言，在中国从经贸大国向强国转变之际，中美贸易失衡、中国是否已达到发达国家水平等原因促使美国的反全球化和反自由贸易的单边主义势力抬头，实质是为中国强国发展道路上设置重重困难。就国内发展而言，收入差距、地区失衡等问题严重，对中国新时期经济维持中高速、可持续发展以及社会稳定有较大的影响。中国离发达国家以及经贸强国还有很大差距。

中国是全球化和自由贸易的受益者也是忠实的拥护者和执行者，“人类命运共同体”的提出体现了中国的大国担当，也是中国向经贸强国转变必须具有的责任，“主动扩大进口贸易”表明了中国进一步融入全球化的积极态度。“中国特色社会主义进入新时代，我国社会主要矛盾已经转化为人民日益增长的美好生活需要和不平衡不充分的发展之间的矛盾”的提出，预示着新时期中国经济发展将回归“以人为本”的本质，人民群众的“获得感”将会在一定程度上影响经济发展模式。“人类命运共同体”需要解决国际市场失衡的问题，中国需要改变扩张式出口的贸易模式，重视合理的进口贸易对国际关系的作用，所以，从受发展模式、国民收入水平制约的“为了生产和出口而进口”向主要依赖于“引致需求①”式的

① “引致需求”指的是由于一国国内消费需求存在从而产生对国外产品的进口需求。

内需驱动[①]的进口贸易模式转变。"以人为本"为国内发展失衡提供了解决思路，即离不开消费者的表现。本章假设消费者的进口行为是"引致需求"式的，这也使得"主动扩大进口贸易"更具实质性，而不仅仅是简单的政策性。

在经典的贸易理论中，学者们通常采用代表性消费者的假定，即消费者是同质的。消费者行为经验数据表明这个假定是不合理的，因此，坎贝尔和曼昆（Campbell & Mankiw，1989）最早提出了消费者异质性的概念。作为经济主体的人（消费者）由于遗传基因、教育、性别和收入等多种因素的影响，使得能力（或智力）有所差异，从而影响人的行为差异。迈克尔·所罗门等（2010）指出，消费者行为学主要是研究个体或群体为了满足相应的需求和欲望而挑选、购买、处置商品服务和观念等所涉及的过程[②]。其中，提到了消费行为的主体不仅指的是个人消费者，还可以是一个群体，这与冯·希佩尔（Von Hippel，2011）观点是一致的。米勒（Mill，1848）在"相互需求论"中指出，可以将出口视为对方供给、进口则为本方需求。基于此，本书将消费者定义为省际层面的消费者，并研究其异质性[③]对省际进口贸易的影响。经贸发展的本质应"以人为本"，强调"获得感"，而不仅是货币化福利[④]。提质增效和民生发展将成为有效途径，而GDP含金量和民生发展指数将会影响省际消费者的行为决策，因此，这两个指数衡量消费者异质性具有一定的合理性。

---

① 冯雷（2014）指出，在可持续发展的诉求下，发展进口贸易成为与我国以内需拉动经济增长相呼应的必然选择。从贸易大国向贸易强国发展，从注重出口拉动经济增长到注重进口更加有效地利用国际资源，配合以内需为主要拉动力的经济增长模式的转变。

② 卢泰宏，周懿瑾．消费者行为学——中国消费者透视（第二版）［M］．北京：中国人民大学出版社，2015.

③ 作为进口需求的消费者（各个省份）在影响因素（地理位置、经济能力等）和行为结果（主要指货物进口贸易总额）都存在着显著差异，即消费者异质性。

④ 不同阶段关注的对象不一样：古典主义时期只注重物质财富的创造，新古典时期则关注资源配置和货币交换，之后社会福利越来越得到关注。

综上所述，本章将基于非平衡面板数据探究消费者异质性对省际进口贸易的影响，为中国“主动扩大进口贸易”提供了依据。同时，对于新时期中国经济贸易增长新动力以及国际关系的稳定有着重要意义。

第二节 文献综述

反全球化日渐抬头的背景下，国际社会对全球治理的诉求日趋强烈，党的十九大报告中提出的“人类命运共同体”表明了中国全球治理的态度。全球治理是一个对共同利益进行多方位、持续性进行共同管理的综合性概念，国际贸易作为各国间经济关系最为重要的纽带，成为全球治理的重要内容之一（何敏，2017）。贸易模式指一国“是否”和“如何”进行贸易，不仅影响该国贸易利益、贸易条件，还对经济增长模式、可持续发展产生影响。只强调出口贸易和生产方面的转变已经很难达到向经贸强国的潜在条件。经验表明，出口贸易对于技术水平和整体福利水平有推动作用，但是进口贸易是“国际资源+国内市场”结合能力的体现，也对本国话语权和影响力有积极作用（冯永琦和张天舒，2017）。国内市场主导的“引致进口需求”需充分考虑“以人为本”的发展本质，因此，消费者异质性不仅关乎进口贸易的数量和质量，还对中国经济和全球治理角色转变有重要作用。基于此，本章将从进口贸易、消费者异质性以及实证方法这三条线进行梳理。

一、进口贸易相关文献

2010 年以来，扩大进口贸易成为一项新的国家战略和重要的国家经济政策，国家颁布了一系列旨在扩大进口的经济政策。

1. 进口贸易作用需要引起重视

从进口贸易的福利看，进口商品种类多样化、进口地区结构多元化以及质量影响了消费者的选择，从而提升消费者福利（魏浩、付天，2016；张永亮、邹宗森，2018）。从资源配置角度看，进口贸易影响着国内价值链分工的资源配置（黎峰，2017）。从技术溢出角度看，进口贸易往往伴随着技术溢出，这会对进口国的经济发展有推动作用（Coe，Helpman & Hoffmaister，1997）。李俊、蔡彤娟（2013）指出，1978 年以后中国经济保持强力增长有很大部分原因是进口贸易对生产率提高的高贡献率（高达 46%）。裴长洪（2013）指出，世界范围内，进口贸易为经济增长提供了十足的动力，在此基础之上，全球经济与进口贸易日益密切且不断深化。

同时，扩大进口贸易体现在自由化的加强和贸易壁垒的降低两方面。对于前者而言，自由化使得本国市场竞争加剧，降低了本国企业利润率，进入和退出机制长期有效，从而使留下的企业利润率升高（余淼杰、智琨，2016）。同时负向影响将逐渐消失（钱学锋等，2016）。贸易自由化通过进口竞争效应显著促进了产业结构优化，以释放市场价值和潜能、促进劳动力市场实现更为有效的资源配置，从而推动了中国产业升级（周茂等，2016；魏浩、李晓庆，2017）。对于后者而言，进口关税下降会促使企业通过进口高质量的中间投入品从而提升出口产品质量（赵春明、张群，2016；余淼杰、李乐融，2016），最终产品关税减让有利于提升制造业能源效率，而投入品关税的调整对能源效率并不产生明显影响（吴晓怡、邵军，2016）。

2. 进口贸易的影响因素多样性

关于进口贸易增长的影响因素研究有很多，但尚无定论。安德森和温科普（Anderson & Wincoop，2003）指出，双边贸易会减少发达国家间的贸易，其中进口贸易也是如此。鲍晓华和朱钟棣（2006）基于海关数据，从技术性贸易壁垒的角度进行分析，其结果表明技术性贸易壁垒具有抑制性作用。吕玉花（2009）将国家层面的面板数据和引力模型相结合，肯定了如中国和贸易伙伴的人均GDP这些传统因素对中国进口贸易的影响。文洋和张振华（2011）认为，产品层面的进口贸易，主要取决于收入分配的影响。陈玉明（2013）基于1987～2009年相关数据进行动态面板分析，结果表明进口贸易的影响分为正向和反向两类，前者包括FDI、储蓄、固定资产投资、出口等，而后者则是GDP。于燕（2014）主要考虑了成本因素对进口贸易的影响，其中双边贸易成本不断降低以及产出和工人工资成本的不断提高都会促进进口贸易发展，从而加快经济增长。

虽然，上述文献从不同角度对进口贸易进行了研究，但是基本属于生产、供给层面，对消费需求层面有所忽略，这与新时期中国经济可持续发展以及全球治理角色转变的目标有所背离。

二、消费者异质性相关文献

“有限理性经济人”中的“同质性”是传统的经济理论常用假定，其中传统贸易理论均假设微观主体都是同质的，直到梅里兹（Melitz，2003）提出企业异质性理论才打破这一做法①，企业异质性也随之成为贸易理论研究热点之一，但是对于和企业同等重要的另一个微观主体（消费者）的异质性研究还处于起步阶段。

1. 非位似偏好及其应用

亨特和马库森（Hunter & Markusen，1988）对消费者同质性假定②进行验证并指出位似偏好是不合理的结论。随后，一些学者基于非位似

① 企业异质性主要是由生产率参数来衡量，服从帕累托（Pareto）分布，表示的是生产率的差异。

② 消费者同质性指的是在位似偏好的前提下消费者对商品需求的变化是一致的，即所有产品具有单位收入需求弹性。

偏好以及相关模型构建进行了研究。

首先，由于非位似偏好的形式不确定，导致其表现形式也不一致。松山（Matsuyama，2000）认为，产品是可以根据消费者的情况进行分类的，如需求欲望、需求层次等，这样就可以表示非位似偏好。弗拉姆和赫尔普曼（Flam & Helpman，1987）认为，消费者对一个产品的偏好可由该产品的质量决定。

其次，非位似偏好模型构造的方法也有所差异。有一些学者认为，不同的消费者对同一种产品的偏好也是存在差异的，即消费者偏好不对称性，如西蒙诺夫斯卡（Simonovska，2010）和福岛（Fukushima，2009）采用了拟线性偏好，并将此纳入贸易模型的需求函数中。还有一些学者认为，同一个消费者对不同产品的偏好也是不一样的，奥塔维亚诺（Ottaviano，2002）以及梅里兹和奥塔维亚诺（Melitz & Ottaviano，2008）认为某一国家的需求函数随着产品改变而改变。

最后，米特拉和特林达迪（Mitra & Trindate，2005）在非位似偏好假设下，指出需求对贸易模式至关重要，因为一国出口的产品是国内需求较少的产品，与需求偏好相似理论的结论截然相反。在此基础上，达格林、米特拉和特林达迪（Dalgin，Mitra & Trindate，2008）在非位似偏好的结构下对进口需求进行了研究，并指出收入分配会影响进口需求，这是非常重要的。法吉尔鲍姆、格罗斯曼和赫尔普曼（Fajgelbaum，Grossman & Helpman，2011）认为，消费者偏好分布导致需求结构服从 Logit 分布，说明一些消费者会随着收入增加而购买更高质量的产品，从而使富裕国家会生产更高质量的产品，并进入国际市场。马库森（Markusen，2010）指出在位似偏好假设下，双边贸易现象完全可由总收入解释，但是，一旦放松位似偏好假设，就可以发现出口商品的收入弹性是大于 0 的，这就会使高人均收入的消费者的需求倾向于资本密集型产品，而高收入国家会拥有高价格水平和利润。

2. 消费者异质性的指标选取

虽然，用收入相关指标来衡量消费者异质性有一定代表性，但是，收入指标主要关注物质财富方面，与“民生问题是经济发展的落脚点”不完全吻合。因此，消费者异质性的衡量需要扩展，这是本书创新点之一。由于消费者需求方面的影响因素有很多，如偏好、年龄、性别、收入禀赋等，因此，省际层面的消费者异质性应该选择一个综合性的指标来衡量，但是相关研究还很少，大多处于概念定义方面。

GDP 作为经济衡量指标忽略了民生方面，程恩富（2010）指出，发展的最终目的不仅体现在对 GDP 增长的追求，更应该关注人民的实际福利水平以及国民幸福感的不断提高，这一观点实质上突出了 GDP 含金量的重要性和合理性。龚六堂认为，在经济增长中 GDP 含金量应强调居民收入的增长，这也是居民幸福感的重要来源。地区发展与民生指数（DLI）则更为全面，不仅考虑到了 GDP 的作用，同时结合了民生改善、经济与社会发展、生态建设等多个方面，对一个地区的发展和民生改善情况进行了全面评价。无论是 GDP 的含金量还是 DLI 都反映了对民生的关注，也考虑到一个地区的经济消费能力，不同的地区应该有所差异，即消费者异质性的体现。

三、实证方法相关文献

目前，对贸易量分析的主要工具就是引力模型，丁伯根（Tinbergen，1962）最早提出了引力模型，认为双边贸易规模是关于双方经济规模和地理距离的函数，但缺乏相应的理论基础。因此，众多学者对引力模型的理论基础进行了充实，并在不同的理论框架下可推导出形式上极相似但含义不同的引力方程，如安德森（Anderson，1979）、伊顿和科特姆（Eaton & Kortum，2004）、梅里兹和奥塔维亚诺（Melitz & Ottaviano，2008）、诺维（Novy，2013）等。同时，随着数据统计越发完善，很多学者在引力模型中考虑到了价格、收入、人口、汇率波动、经济制度、共同语言等指标的影响，如伯格斯特兰（Bergstrand，1985，1989）、余路（2016）等。

但是，近些年零贸易和内生性问题引起广泛关注。一方面，卡里姆和卡雷姆（Kareem & Karrem，2014）、马丁和彭（Martin & Pham，2015）等对贸易理论中引力模型进行了梳理，指出对零贸易量问题的解决方法大致可分为三种：直接剔除零贸易样本、原始值加 1 后取对数、以水平值而非对数作为因变量。高新（2016）对省际进口贸易进行了研究，认为偏好具有随机性，故选取直接剔除零贸易样本的方法，从而得到一个 2000 ~ 2013 年的平衡面板数据并进行了分析。另一方面，伊顿和科特姆（Eaton & Kortum，2004）、瑞丁和维纳布尔斯（Reeding & Venables，2004）、伊万斯（Evans，2003）以及罗斯（Rose，2000）等考虑到遗漏变量、测量误差和互为因果关系引起的内生性问题，并选取固定效应、偏远度代理变量、非线性最小二乘法以及工具变量等方法进行了研究。

直接剔除零贸易样本具有简单的特点，但是存在着一定的误差。因此，本书将选取 2000 ~ 2014 年各省份的非平衡面板数据进行分析。所谓的非平衡面板数据是指每个时期在样本中的个体不完全一样，有些时候某些个体的数据可能有缺失，这种情况更具有现实意义。如果在平衡面板数据中提取出平衡面板数据会损失样本容量，降低估计效率。更进一步，人为剔除的观察值并非随机，也会破坏样本的随机性，如各省统计年鉴中有些省份统计较全面，有些省份的确有零贸易情况（即随机的零贸易量）；有些省份只报告了主要贸易国家情况，对一些贸易量较小的国家未进行报告从而形成了零贸易情况的产生（即人为的零贸易量）。因此，考察与非平衡面板数据相关的计量问题，并比较它们与平衡面板数据的差异受到越来越多研究者的重视。

巴尔塔基和常（Baltagi & Chang，1994）指出，非平衡面板数据并不影响离差形式的组内计量，所以不会影响固定效应模型的使用，但是对于随机效应模型，需要找到合适的方法对方差进行估计，从而进行广义最小二乘法（FGLS）估计。基于此，瑟尔（Searle，1971）、史瓦密和曼彻斯特（Swamy & Arora，1972）、詹里奇和桑普森（Jennrich & Sampson，1976）以及帕特森和汤普森（Patterson & Thompson，1971）分别利用平衡面板方差分析法（即变异数分析——ANOVA）、组内和组间两段回归法、极大似然估计方法（MLE）以及受约束的极大似然估计法（REML）进行了研究。巴尔塔基（Baltagi，2001）经过蒙特卡罗模拟对这些方法进行比较后发现，简便的变异数分析（ANOVA）估计量对回归系数估计最优，而在进行方差组合估计时，ρ 值不同时各种估计方法的表现有所不同。总体来说，变异数分析（ANOVA）方法和极大似然估计方法在方差组合以及标准误差的估计中要优于其他方法。

综上所述，本章将从理论和实证两部分出发：理论方面，将消费者异质性纳入理论模型中；实证方面，将对各省份按地区进口贸易的非平衡面板数据进行了整理，运用固定效应模型、变异数分析（ANOVA）方法、史瓦密－曼彻斯特（Swamy-Arora）估计量、MLE 和 REML 等方法进行非平衡面板分析，并对内生性问题进行考虑。余文将从（理论和实证）模型的设定、非面板数据描述、实证检验等方面进行分析。

第三节 模型设定

一、理论模型设定

在一个开放经济系统中，包含了进口方 H（有 I 个消费者）、出口方 F 以及进口方可以消费一种同质的计价商品 x 和 s 种连续的垂直差异化的进口商品（简称“差异品”）。假设计价商品的价格为1、差异品的价格为p_{hfs}，进口方可以同时消费两种商品，其中进口方作为消费者在差异化商品方面符合消费者效用最大化问题为：

$$\max U[x, q_{hfs}] = x\exp\left[\int_1^s a_{hs} q_{hfs}\right] \tag{7.1}$$

$$s.t.\ x + \int_1^S p_{hfs} q_{hfs} \leqslant y_h = l_h m_h \tag{7.2}$$

其中，l_h 和 m_h 分别为H的总人口和人均GDP；$a_{hs}>0$ 表示消费者异质性，即对同一种商品的需求存在差异性，本章假设消费者异质性是随机的；$a_{hs}q_{hfs}$表明消费者对差异品进口需求的边际效用弹性。同时，考虑到差异品的进口成本，假定生产成本为：

$$MC(q_{hfs}) = wt_{hf}\exp[\theta_s q_{hfs}] = p_{hfs} \tag{7.3}$$

（7.3）式中，w 和 $\exp[\theta_s q_{hfs}]$ 均为生产成本，前者表示计价商品的生产成本，后者为随产品质量递增的差异品生产成本；t_{hf}是差异品进口需求的贸易净成本。右边等式满足一个假设，即出口方市场为完全竞争，令生产成本直接等于差异品的进口价格。

将（7.1）式~（7.3）式联立求解并整理为差异品的进口需求量和进口价格如下两式所示：

$$q_{hfs} = 1/\theta_s\left\{\log l_h m_h - \log wt_{hf} + \log\left[(a_{hs}/\theta_s)/\left(1 + \sum_1^S a_{ls}/\theta_l\right)\right]\right\} \tag{7.4}$$

$$p_{hfs}(q_{hfs}) = l_h m_h (a_{hs}/\theta_s)/(1 + \sum_1^S a_{ls}/\theta_l) \tag{7.5}$$

已有研究表明，产品质量可简化为用消费者意愿支付的货币价值表示，所以（7.4）式中a_{hs}/θ_s可理解为消费者对于不同差异化商品每单位消费倾向的货币价值有所不同，这也体现了消费者的异质性。对差异化商品的进口需求的影响因素在（7.4）式中体现于进口商品的质量和成本、进口方的人口与收入水平以及消费者异质性这几个方面：与已有经济学经验一致的是进口需求与该国居民的收入水平和消费倾向的货币价值正向相关，但与生产成本和双方贸易的净成本反向相关；由于进口商品的高质量使得使用寿命增长，从而导致短期再消费的几率越低，使得差异化商品的进口需求与商品质量负相关。

（7.5）式表明，进口方需求价格仅受到消费者异质性及其国民收入水平①的影响，且均表现为正相关。

结合（7.4）式和（7.5）式，可整理得到差异化商品的进口需求总价值，记为 IM_h：

$$IM_h = 1/\theta_s \left\{ \log l_h m_h - \log wt_{hf} \log\left[(a_{hs}/\theta_s)/\left(1 + \sum_1^S a_{ls}/\theta_l\right)\right] + \log\left[(a_{hs}/\theta_s)/\left(1 + \sum_1^S a_{ls}/\theta_l\right)\right]\right\} \tag{7.6}$$

命题：差异品的进口需求与进口方的居民收入水平正相关，与进口品的质量以及双方的贸易净成本负相关。结合传统的引力模型，则表明进口需求与双方的 GDP 和进口方消费者异质性正相关，与贸易成本负相关②。

二、实证模型设定

由于本章关注消费者异质性对省际进口贸易的影响，理论结论表明消费者异质性与进口贸易额正相关。在贸易研究中，贸易额分析的

---

① 传统的贸易理论大多认为，出口产品的定价取决于生产成本、贸易成本和产品质量等，但对进口品价格的研究几乎没有，直觉上，应该也与上述因素有关。但是，由于本书关注消费者的异质性，因此，本书认为进口商品与否主要取决于进口国消费者的需求倾向。

② 高新（2015）指出，一国出口贸易与进口国的消费者异质性有关，而与出口国消费者异质性无关，本书研究进口贸易，所以上述分析的前提假设是进口贸易与出口国消费者异质性无关。

主要工具是引力模型，但是，徐世腾（2014）指出引力模型中没有对多边阻力和零贸易量问题进行必要处理，会降低分析结论的可信度。因此，结合安德森和温科普（Anderson & Wincoop，2003）的多边贸易阻力[①]观点，由于运输成本、进入成本的存在，本章引入双边贸易阻力。在此基础上，引入消费者异质性指标，为了尽可能减少数据异方差性的影响，本章对原始数据进行对数化处理，其中，由于双边贸易成本的两类指标和消费者异质性衡量指标均在0～1之间，所以本章先对这些指标原始数据加1，然后进行对数化处理[②]便可以得到以下引力模型：

$$\begin{aligned} LIM = \alpha_1 + \beta_1 LGDP_h + \beta_2 LGDP_f + \beta_3 LMR + \beta_4 LBA + \beta_5 LDIS \\ + \beta_6 LHET + \beta_7 D1 + \beta_8 D2 + \sigma + \varepsilon \end{aligned} \tag{7.7}$$

本章关注省际进口贸易，各省份的区域分布存在着一定的差异，故取两个虚拟变量D1和D2：以东部地区为参考组，D1为1时，表示该省处于中部地区；D2为1时，表示该省处于西部地区。（7.7）式中，L表示对数形式；IM表示各省份从某个贸易伙伴方进口商品的总额；GDP_h和GDP_f分别表示贸易双方的国民生产总值；DIS为各省份与出口方的首都或经济中心的直线距离；BA应该表示进口方与贸易伙伴之间的贸易阻力[③]；HET表进口方消费者异质性指标；MR表示多边贸易阻力；σ表示固定效应，如领土是否接壤的虚拟变量、进口方和出口方的区域特性，用以控制与时间无关的相关因素；ε为误差项。

---

① 多边贸易阻力指的是中国与其他国家之间的贸易与目标进口国之间的竞争关系。

② 这几类指标的数据属于比例值，均在0～1之间，如直接取对数意义不大，所以使用加1后再取对数的方法，其余变量均直接取对数。

③ 这一阻力主要体现在国家层面，因此，本书假设为中国与贸易合作伙伴之间的贸易阻力。多边贸易阻力也是如此。

三、指标选取

1. 消费者异质性指标

该指标变量符号记为，包含地区发展与民生（DLI）指数和GDP含金量两类指标。前者表示地区的民生和发展程度，包括经济发展、民生改善、社会进步、生态文明、科技创新、公众评价等6项一级指标，45项二级指标。费勒（Fieler，2007）、马库森（Markusen，2010）等研究从收入等单个指标来说明消费者异质性，而DLI指数不仅包括收入指标，还包括社会、民生、生态等多方位指标。因此，笔者认为DLI指数更为综合，对于一个地区而言，在一定程度上表明了该地区对进口贸易的吸收能力，即地区消费者对进口品的购买能力，也能充分考虑省际层面消费者进口需求行为的影响因素。数据来源于国家统计局，单位为%。后者表示为人均居民可支配收入与人均GDP之比，体现了某个地区的收入能力，也体现了其对进口品的购买力，其中相关数据均来源于各省历年统计年鉴整理计算所得，且数值在0~1之间。实证部分首先选取DLI指数作为消费者异质性的衡量指标，而GDP含金量则用于稳定性检验部分。

2. 经济规模指标

该指标包括各省、中国、贸易伙伴以及全世界的生产总值，分别记为GDP_h、GDP_c、GDP_f以及GDP_w，单位均为现价美元计价。各省的生产总值来源于各省相关年限的统计年鉴，其余三类指标均来源于世界银行数据库（Worldbank Database）。

3. 贸易规模指标

首先，各省从各国进口贸易总额，记为IM_h，数据来源于历年相关省份的统计年鉴。

其次，中国与贸易伙伴之间的贸易规模指标：中国向各国出口记为EX_{cf}，各国向中国出口，即中国进口记为EX_{fc}，数据来源于联合国商品贸易统计数据库（UN Comtrade Database）。中国和贸易伙伴各自贸易总规模指标：中国总出口记为 EX_c，各国总出口记为 EX_f，数据来源于联合国商品贸易统计数据库（UN Comtrade Database）。世界总出口记为 WEX，数据来源于联合国商品贸易统计数据库（UN Comtrade Database）整理计算所得。中国国内销售、各国国内销售，分别记为 EX_{cc}、EX_{ff}，由各自生产总值减去各自总出口计算所得①。贸易规模这一类指标都是以现价美元为计价单位。

4. 贸易成本指标

首先，双方的贸易成本和多边贸易阻力无法直接获得。但是可以借鉴其他文献的处理方法计算获得。需要注意的是，考察省际进口贸易，假设从中国与贸易国②角度进行衡量。双边贸易成本如下：

$$BA_{hf}=BA_{cf}=1-\{EX_{cf}EX_{fc}/[s^2(GDP_c-EX_c)(GDP_f-EX_f)]\}^{1/(2\rho-2)} \tag{7.8}$$

（7.8）式中，所有下脚中的 C 均表示中国（下同）；参考诺维（Novy，2006）和杰克斯（Jacks，2006）将商品可贸易的份额、商品替代弹性记为参数和，并分别设定为 0.8 和 8；EX_{cf} 和 EX_{fc} 分别表示本国和外国的双边出口额；EX_c 和 EX_{cf} 则表示贸易双方的总出口额。

其次，参考钱学峰（2008）以及马涛和刘仕国（2010）的方法定义多边阻力：

$$MR_{hf}=MR_{cf}=\sum_{f=i}^{F}(GDP_f/GDP_w)\Psi_{fc} \tag{7.9}$$

其中，GDP_w 表示全世界的生产总值，即各国生产总值之和；Ψ_{fc} 表示贸易双方的自由度指数，公式如下：

---

① 由于各省份按原产地划分的服务贸易数据暂时无法获得，故直接采取此方法。

② 本书在此处做了特殊处理，虽然理论上各省份双方的贸易成本和多边贸易阻力应该取决于各自与外部的竞争，但是，对于进出口而言，它们绝大部分都是取决于中国整体对国际贸易的影响。因此，这两类指标仅取决于中国与贸易伙伴在国家层面之间的关系。

$$\Psi_{fc} = \sqrt{(EX_{cf}EX_{fc})/(EX_{cc}EX_{ff})} \tag{7.10}$$

5. 贸易距离指标

该指标表示为贸易双方的直线距离①，数据来源于 http：//www.jisuan.info/，单位为“km”。

第四节　非平衡面板数据分析

一、非面板数据描述

由理论模型和实证模型可以发现，本章被解释变量为各省份的进口贸易额，因此，笔者结合 31 个省份 2001～2015 年统计年鉴，选取 2000～2014 年各省份按进口原产地分类的相关数据进行分析，具体如表 7－1 所示。

表 7－1　各省份年鉴贸伙伴国数量统计　单位：个

年份	2000	2001	2002	2003	2004	2005	2006	2007	2008	2009	2010	2011	2012	2013	2014
安徽	67	64	76	80	77	78	88	94	101	103	103	103	125	121	131
北京	缺	缺	缺	缺	缺	缺	缺	缺	缺	缺	17	17	17	17	17
重庆	缺	缺	缺	47	48	49	51	49	62	67	90	83	85	92	106
福建	21	21	21	21	21	21	21	21	21	21	21	21	21	21	21
广东	缺	缺	缺	缺	缺	缺	36	36	36	36	36	36	36	36	36

① 虽然，现在研究中常用的距离是 CEPII 提供的加权距离，但是加权对象只考虑了首都和主要城市之间的加权，主要表示两国或地区间的距离，而本书研究对象是省份与不同地区结构间的进口贸易，为了避免相似，本书采取直线距离，即各省份的中心位置和贸易伙伴中心位置之间的距离。

续表

年份	2000	2001	2002	2003	2004	2005	2006	2007	2008	2009	2010	2011	2012	2013	2014
广西	26	26	26	26	26	26	26	26	26	26	26	26	26	26	26
海南	缺	缺	缺	缺	缺	17	21	22	28	26	28	28	31	33	缺
河南	25	25	25	25	25	20	20	20	20	20	20	20	19	19	19
黑龙江	51	56	60	58	70	71	69	73	79	82	99	102	98	90	缺
湖北	缺	缺	缺	缺	缺	20	20	20	20	20	20	20	20	20	12
湖南	18	19	19	19	19	19	20	20	20	20	20	20	20	20	20
江苏	64	67	67	68	69	69	70	70	70	70	70	70	70	70	70
江西	27	27	30	46	44	45	47	50	52	50	50	54	51	52	53
辽宁	35	37	36	36	36	37	36	37	37	35	36	34	34	36	35
宁夏	缺	缺	缺	16	15	15	15	15	16	16	16	16	15	16	16
山东	缺	缺	缺	缺	缺	缺	缺	缺	29	缺	29	29	29	29	缺
山西	43	46	48	51	56	62	67	67	76	28	28	26	30	29	28
陕西	30	30	26	30	48	59	77	82	70	91	94	90	95	96	99
上海	24	24	24	24	24	24	24	24	24	24	24	24	24	24	24
天津	45	49	50	51	48	48	49	49	62	40	40	42	42	39	40
新疆	47	47	55	58	68	68	59	62	65	69	72	71	87	88	77
云南	44	44	47	44	48	45	45	46	46	46	44	45	42	45	43
浙江	13	13	13	13	13	13	13	13	13	13	13	13	13	13	13

首先，各省份统计分类差异明显。甘肃、贵州、河北、吉林、内蒙古、青海、四川和西藏 8 个省份没有按进口原产地分析的相关数据统计；云南、新疆、广西、福建、河南、陕西、江西、安徽、天津、山西、黑龙江、江苏、上海、浙江、辽宁和湖南 16 个省份有 2000 ~ 2014 年连续 15 年的相关数据；而其余 7 个省份则有不完全年份的数据：海南省（2005 ~ 2013）、广东（2006 ~ 2014）、宁夏（2003 ~ 2014）、湖北（2005 ~ 2014）、山东（2008、2010 ~ 2014）、北京（2010 ~ 2014）以及

重庆（2003～2014）。

其次，统计方式有所差异。有一些省份是以主要进口国的贸易额为报告对象，如广西、广东、河南、海南、湖北、湖南、宁夏、上海和浙江；其余省份则是以“发生进出口贸易”为提前报告进口贸易额。

最后，各省份进口地区结构差异明显。一方面，同一省份不同年份贸易伙伴数量有所差异，如安徽省 2000 年进口贸易伙伴数据为 67 个，而 2014 年则多达 131 个。另一方面，统一年份不同省份间的贸易伙伴数量也存在差异，如 2014 年，陕西进口贸易伙伴数量为 99 个，新疆则有 77 个。

基于本章研究的视角，将考虑零贸易量的实际情况：一方面，对于按实际情况报告的数据将直接选取，其中缺失年份不予考虑；另一方面，以主要贸易伙伴报告的数据则不考虑零贸易量，如浙江省只考虑 13 个贸易伙伴的情况。因此，本书可以构建一个非平衡面板的贸易数据，并选取相应指标的数据进行分析。

二、基准性实证检验

参考陈强（2010）和巴尔塔基（Baltagi，2010），运用 Stata12.0 软件对（7.7）式进行回归分析。回归之前，先用方差膨胀系数（VIF）判断解释变量的多重共线性问题，当 VIF 值大于 10 时，回归存在有害的多重共线性，如表 7－2 所示；当考虑到 LGDPh 时，所有变量的 VIF 值均在临界值之下，但是 LGDPh 的值较高，为 8.24，为了保险起见，笔者剔除了 LGDPh 后，其余变量 VIF 值虽然有所变化，但是变化不大。所以笔者认为，模型中所有变量均不存在有害的多重共线性。

表 7-2　　多重共线性检验结果

	LGDPh	LGDPf	LMR	LBA	LDIS	LHET
VIF 值（1）	8.24	5.13	3.78	3.56	4.71	6.52
VIF 值（2）	—	5.37	4.02	5.47	4.87	6.21

由于涉及非平衡面板数据，为了确保模型估计结果的准确性和可靠性，本章不采用直接剔除零贸易样本的方法，将采取多种估计方法进行分析，包括固定效应方法（FE）、变异数分析方法（ANOVA）、极大似然估计方法（MLE）和受约束的极大似然估计方法（REML）进行参数估计，具体结果如表 7-3 所示。

表 7-3　　各种方法的检验结果

变量	FE	变异数分析（ANOVA）	MLE	REML
LGDPh	0.4315 *** （0.182）	0.3958 *** （0.131）	0.3887 *** （0.213）	0.4072 * （0.237）
LGDPf	0.7624 *** （0.152）	0.7042 *** （0.127）	0.7227 *** （0.132）	0.7701 （0.175）
LMR	-0.6371 （0.459）	-0.5791 （0.437）	-0.6101 （0.448）	-0.6834 （0.531）
LBA	-5.3853 *** （1.621）	-4.5358 *** （1.417）	-4.624 *** （1.513）	-4.946 * （1.752）
LDIS	-0.5026 ** （0.310）	-0.4906 ** （0.283）	-0.4863 ** （0.278）	-0.4076 * （0.295）
LHET	1.9792 *** （0.493）	1.7982 *** （0.437）	1.8212 *** （0.475）	1.8976 * （0515）
D1	-0.4872 ** （0.453）	-0.4042 ** （0.417）	-0.4213 ** （0.431）	-0.4932 （0.459）

续表

变量	FE	变异数分析（ANOVA）	MLE	REML
D2	−0.3641** (0.610)	−0.3215** (0.586)	−0.3452** (0.598)	−0.3721 (0.609)
Constant	−13.1503*** (3.185)	−9.893*** (2.858)	−9.738*** (2.572)	−4.738* (1.698)
R-squared	0.7698	0.7524	—	—

注：括号内是估计系数的标准差；***、**、*分别表示t检验值在1%、5%和10%上的显著性水平，回归结果使用Stata12.0估计而得。

巴尔塔基和常（Baltagi & Chang，1994）指出，固定效应模型的使用不会受到非平衡面板数据的影响，所以表7－3中FE一列为固定效应检验结果，其中包括了国家、省份以及时间的固定效应。根据表7－3，可以归纳出以下结论：首先，FE估计和变异数分析（ANOVA）估计的（组内）R-squared的值分别为0.7698和0.7524，均大于0.7①，说明（7.7）式在这两种方法下拟合结果较好；其次，MLE估计与变异数分析（ANOVA）估计的结果非常相似，而且与FE估计的结果较接近，均认为省际进口贸易总额与贸易双方的经济总量显著正相关，与消费者异质性（DLI指数）显著正相关，与双方距离和双边贸易成本显著负相关，与多边贸易阻力负相关但不显著，结论基本与理论结论相一致；由于实证模型中考虑了各省份区域分布，前三种估计方法表明区域效应从大到小分别为东部地区、西部地区以及中部地区；REML估计的结果与前三种方法存在显著差异，各省进口贸易额与贸易伙伴经济总量不显著正相关，而且其他变量的检验结果的显著性明显下降。根据巴尔塔基等（Baltagi et al.，2001）的观点，变异数分析（ANOVA）估计量对回归系

① 虽然R-squared的值越大说明拟合度越高，但是，学者们大多认为只要高于0.7就可以接受“拟合效果较好”的观点。

数的估计最优，而变异数分析（ANOVA）估计与 FE 估计和 MLE 估计检验结果相似，对理论结果进行了很好地验证，因此，REML 估计只作为一种参考。

三、稳健性检验——内生性处理

内生性是计量分析中最常见也是最棘手的问题，将会造成 OLS 回归估计结果不一致。导致内生性问题的原因有：遗漏变量、测量误差和互为因果关系。本章关注消费者异质性对经济贸易发展的影响，列夫琴科（Levchenko，2011）指出两国间贸易往来的加强，在一定程度会引导当地的经济发展与制度的变化，更会引发当地的消费水平升级。前文选取的消费者异质性指标与进口贸易额之间可能存在互为因果关系，即存在内生性可能。因此，本章将采用两种方法进行稳健性检验：首先，使用 GDP 含金量作为 DLI 指数的工具变量，并参照基准性检验的步骤采用固定效应方法（FE）、变异数分析（ANOVA）方法、极大似然估计方法（MLE）和受约束的极大似然估计方法（REML）进行参数估计；其次，使用动态面板分析，在动态的实证模型中分别考虑 DLI 指数和 GDP 含金量进行分析。

1. 工具变量方法

工具变量是指和内生化变量相关但与残差项不相关的变量。GDP 含金量体现了经济发展的质量，既包括经济方面，也包括社会民生等多方面，与 DLI 指数的内涵相似，而且，对于进口贸易消费而言收入能力在一定程度上体现了省际层面的购买能力。因此，本章将选取 GDP 含金量作为 DLI 指数的工具变量进行检验。对 GDP 含金量进行对数化处理，记为 LVGDP。本章将选取 2000 ~ 2014 年的相关非平衡面板数据进行分析，结合基准性检验的步骤，将进行固定效应方法（FE）、变异数分析方法（ANOVA）、极大似然估计方法（MLE）和受约束的极大似然估计方法（REML）检验，具体结果如表 7 - 4 所示。

表 7－4　　工具变量各检验结果

变量	FE	变异数分析（ANOVA）	MLE	REML
LGDPh	0. 9308 *** （0. 0365）	0. 8631 *** （0. 0295）	0. 8376 *** （0. 0253）	0. 6152 * （0. 0194）
LGDPf	0. 8145 *** （0. 1674）	0. 6978 *** （0. 1286）	0. 6793 *** （0. 1039）	0. 4362 （0. 0906）
LMR	－0. 0282 （0. 9522）	－0. 0214 （0. 7989）	－0. 0195 （0. 7048）	－0. 0126 （0. 5813）
LBA	－10. 6314 *** （0. 4312）	－9. 7325 *** （0. 3691）	－9. 5259 *** （0. 3217）	－7. 5832 * （0. 2813）
LDIS	－0. 2231 *** （0. 3952）	－0. 1978 *** （0. 4033）	－0. 1765 *** （0. 3536）	－0. 1435 （0. 2376）
LVGDP	3. 1432 *** （0. 2744）	2. 9365 *** （0. 2437）	2. 6759 *** （0. 1982）	1. 9973 * （0. 0868）
D1	－0. 6524 ** （0. 5312）	－0. 6021 ** （0. 4895）	－0. 5749 ** （0. 4078）	－0. 4961 （0. 3642）
D2	－0. 4963 ** （0. 7019）	－0. 4368 ** （0. 6576）	－0. 3982 ** （0. 5942）	－0. 3022 （0. 4869）
Constant	－18. 3512 *** （5. 6736）	－15. 5276 *** （5. 0122）	－11. 4683 *** （4. 1947）	－7. 8357 （2. 9842）
R-squared	0. 7721	0. 7663	—	—

注：括号内是估计系数的标准差；***、**、*分别表示 t 检验值在 1%、5% 和 10% 上的显著性水平，回归结果使用 Stata12. 0 估计而得。

如表 7－4 所示，当选取 GDP 含金量作为 DLI 指数的工具变量时，FE、变异数分析方法（ANOVA）、MLE 的检验结果较为相似，说明省际进口贸易额与贸易双方经济总量和消费者异质性（GDP 含金量）显著正相关，与双边贸易成本和距离显著负相关，与多边贸易阻力不显著负相关，且存在地区差异，区域效应从大到小分别为东部地区、西部地区和中部地区。以上结论与基准性检验较相似，有所不同的是工具变量的REML检验下，只与自身经济总量、双边贸易成本和消费者异质性与省际进口贸易额显著相关，而且显著性有所降低，其余变量均不显著。根据巴尔塔基（Baltagi，2001）的观点，变异数分析（ANOVA）估计量对回归系数的估计最优，同时前三种检验结果相似且与基准性检验较一致，所以工具变量方法说明了前文检验结果是稳健的。

2. 动态面板分析

本章的动态面板主要思路就是在静态面板的基础上加入滞后项。在（7.7）式中加入进口贸易额的一期滞后项 LIM_{hft-1}，记为LM1。分别考虑DLI指数和GDP含金量来衡量消费者异质性，并进行对数处理，记为LDLI和LVGDP。因此，可得到实证模型如（7.11）式和（7.12）式：

$$
\begin{aligned}
LIM = \alpha_1 + \beta_1 LGDP_h + \beta_2 LGDP_f + \beta_3 LMR + \beta_4 LBA + \beta_5 LDIS \\
+ \beta_6 LDLI + \beta_7 D1 + \beta_8 D2 + \beta_9 LM1 + \sigma + \varepsilon \qquad (7.11)
\end{aligned}
$$

$$
\begin{aligned}
LIM = \alpha_1 + \beta_1 LGDP_h + \beta_2 LGDP_f + \beta_3 LMR + \beta_4 LBA + \beta_5 LDIS \\
+ \beta_6 LVGDP + \beta_7 D1 + \beta_8 D2 + \beta_9 LM1 + \sigma + \varepsilon \qquad (7.12)
\end{aligned}
$$

由于动态面板分析对样本的时间连续性有所要求，所以，笔者根据表7-1的情况，将年份有所缺失的省份剔除，从而建立一个2000~2014年连续15年共15个省份的面板数据进行分析，如表7-5所示。考虑了进口额的滞后项后，消费者的异质性（无论是DLI指数还是GDP含金量）对进口贸易额的正向影响没有变化，其余变量的参数与基准性检验较相似，这说明上述检验是稳健的。同时，检验结果表明进口贸易额的滞后项确实会对下一期的进口额有影响，而且显著为正，说明进口额与消费者异质性确实存在着内生性问题，所以稳健性检验也是必要的。需要注意的是，含有DLI指数和GDP含金量动态面板检验参数的含义也比较相似，这也是对上述工具变量分析的佐证。

表 7－5　　动态面板检验

变量	（7.11）式：LDLI	（7.12）式：LVGDP
LGDPh	0.6923 *** （0.1336）	0.8508 *** （0.0363）
LGDPf	0.7582 *** （0.2025）	0.5943 *** （0.2415）
LMR	－0.0201 （1.231）	－0.0302 （1.1345）
LBA	－8.9753 *** （0.5162）	－7.2642 *** （0.4638）
LDIS	－0.1201 *** （0.1105）	－0.1879 *** （0.9531）
LHET	2.673 *** （0.4398）	3.1542 *** （0.6272）
*LM*1	0.2135 *** （0.2234）	0.3586 *** （0.3734）
*D*1	－9.4527 *** （1.9341）	－10.3768 *** （2.5461）
*D*2	－6.9347 ** （0.4193）	－7.3784 ** （0.3974）
Constant	－5.4564 *** （1.9362）	－15.5254 *** （3.1492）
R-squared	0.7232	0.7253

注：括号内是估计系数的标准差；***、**、* 分别表示 t 检验值在 1%、5% 和 10% 上的显著性水平，回归结果使用 Stata12.0 估计而得。

第五节　小　结

消费者异质性突出了消费者需求层面对贸易发展的重要性，也体现了经济贸易发展的本质（民生发展）。笔者构建了一个简易的贸易理论模型，并引入消费者异质性的假设，从而得到消费者异质性会促进进口贸易额发展的结论。在此基础之上，将理论结果与引力模型相结合，并考虑到零贸易量的现象，从而利用2000~2014年省际非平衡面板数据进行实证分析。由于非平衡面板的特性，笔者利用固定效应方法（FE）、变异数分析方法（ANOVA）、极大似然估计方法（MLE）和受约束的极大似然估计方法（REML）进行参数估计，结果表明前三种方法得到较为相似的结果，且与理论结论较一致，即省际进口贸易与贸易双方的经济总量显著正相关，与两类贸易距离中双边贸易成本显著负相关，与多边贸易阻力负相关但是不显著，与消费者异质性指标显著正相关。考虑到消费者异质性指标可能存在内生性问题，笔者还通过工具变量方法和动态面板分析，结果表明基准性检验是稳健的。

无论是理论还是实证结果均说明消费者异质性（DLI 指数和 GDP 含金量）对各省进口贸易的发展有促进作用，而且不同地区还存在着一定的差异性，地区效应从大到小分别是东部地区、西部地区以及中部地区。这些对中国经济贸易发展以及全球治理角色转变提供了一些思路。

就国内经济发展而言，经济发展的落脚点是民生，而与民生直接相关的微观主体是消费者。因此，充分考虑消费者的异质性对进口贸易乃至经济的发展有着重要作用，即应该重视“引致需求”的作用，只有国内市场的强大才能带动经济贸易有效发展。

实证结果表明地区效应从大到小分别是东部地区、西部地区以及中部地区（地区发展不平衡），可能的解释是：东部地区经济较发达同时人口红利较明显；西部地区虽然经济较落后，但是人口流动较少，而且疆域优势使得西部地区效应仅次于东部；中部地区人口流动频繁使得人口红利溢出明显，经济水平也不发达，而且没有区位优势使得该地区效应最小。以中部地区为例，可以制定人才引进政策（如提高收入、幸福指数等），从而减少该地区人口流出并吸引高层次人才流入，从而利用该地区人口红利，加快地区发展。

就国际视角而言，在成本优势不断削弱背景下，中国如何通过进一步发展，增强全球治理的话语权离不开出口贸易，更应该重视进口贸易。主动扩大进口贸易不仅可成为经济发展的动力，使中国可以更充分地利用国际资源，同时能更好地维护国际关系稳定。

民生问题改善、地区发展的不平衡以及全球治理角色转变需要得到长期关注，短时间得到改善不太现实，需要有一个长远的改善目标。当然，本书还有以下问题需要在今后的研究中完善：首先，本章选取 DLI 指数和 GDP 含金量作为消费者异质性只是为了简化分析，也是权宜之计，尚未对消费者异质性指标的构建进行系统规划，如何寻找科学、合理的指标并建立一个完善的统计系统是今后研究重点之一。其次，受数据可获得性的限制，本章将消费者定义为省际层面，实际上是介于代表性消费者和个体消费者之间，是如何获取准确的数据进行后续一系列相关研究的基石。

第八章 总　结

第一节　主要结论

1978年改革开放后，中国不断融入全球经济环境并取得了快速发展。2010年中国GDP成功超过日本，成为仅次于超级大国美国的世界第二大经济体。2012年前，中国GDP以约10%的年均增速发展，但是，之后的中国进入了一个新时期。2012～2018年中国GDP增速均低于8%，连续7年的回落这是中国改革开放后的第一次，这也预示着中国经济发展进入了新常态。那么，“何为新常态？新常态的本质是什么？”等问题在政界和学术界得到了广泛讨论，并对“新常态经济就是使人幸福的经济”这个观点达成高度共识。笔者也认为，只有中国经济与社会民生方面相结合，才能促进中国持续健康发展，也才能让中国经济以“中高档”速度发展得更长久。

中国经济高速的发展离不开以出口导向的贸易政策，这种政策主要依托于过往在劳动力资源上的比较优势，随着全球化的日益深化，中国优势不断削弱，同时也出现了其他很多问题，如外需不足。本书正是基于这一特殊时期的特征探讨了中国持续科学发展的动力，并将消费者异质性作为研究的切入点，对中国进出口贸易以及省际进口贸易进行了分析。

本书的基本逻辑是：一方面，新常态下，中国进出口贸易仍然是经济发展的主要动力，因此也应该回归经济发展的本质，即充分考虑民生问题；另一方面，国际贸易理论的主流研究中主要关注生产者方面而忽略了消费者的作用。但现实中，消费者的作用和生产者作用应该是等同的，而且消费者需求行为的因素和行为决策都存在着差异性，所以国际贸易理论中消费者同质性的假设得到严峻挑战。可以发现，中国进出口贸易发展离不开民生问题，而作为民生受益者的群体实际上就是消费者，因此，消费者异质性与进出口贸易是密切相关的，至少在逻辑上如此。基于此，本书从消费者异质性角度对中国进出口贸易和省际层面的进口贸易进行了研究。

首先，本书对国际贸易理论发展、消费者需求与国际贸易、异质性偏好与国际贸易、人均收入、收入分配与国际贸易，以及社会、民生与国际贸易等方面的文献进行了梳理，发现主流贸易理论的研究对消费者同质性有严格假设，虽然有一些研究涉及消费者需求层面，但是衡量消费者异质性主要用异质性偏好和收入指标来衡量，前者无法量化，后者缺乏一般性。因此，本书考虑到消费者需求层面对进出口贸易的影响以及消费者异质性衡量的一般性，并结合经济发展的宗旨——民生问题，选取与民生发展相关的综合性指标衡量消费者异质性，从而就消费者异质性对中国进出口贸易影响进行研究。

其次，在消费者异质性的视角下，对消费者及其同质性和异质性进行了定义阐述，并将消费者异质性拓展到微观、区域和省际等不同层面，在此基础上，从不同层面消费者的影响因素和消费行为出发，说明了现实中消费者异质性是存在的。为了更好地对进出口贸易进行实证分析，笔者选取了可以代表不同层面消费者异质的指标进行了描述，结果说明幸福指数、人均收入、GDP 含金量以及发展和民生指数 DLI 指数的确存在着差异性，也从不同层面说明消费者的异质性。

第四章在理论和实证方面分析了消费者异质性对中国出口贸易的影

响。由于消费者是需求方的特性，对于出口贸易中国只是“生产者”或“销售者”，因此，这部分是将中国的贸易伙伴作为消费者进行研究。理论方面，在梅里兹和奥塔维亚诺（Melitz & Ottaviano，2008）的基础上引入消费者异质性，假设偏好不对称性和消费差异性。实证方面，对中国2001～2012年向29个国家的出口的平衡面板贸易数据进行分析，同时选取幸福指数和国内人均收入衡量消费者异质性，并采用了基础性检验、对数扩展检验以及稳健性检验。最终，在理论方面和实证方面得到了较一致的结论：中国的出口贸易额不仅取决于传统的因素（双方GDP、距离以及贸易成本等），还取决于贸易伙伴的消费者异质性，且存在着显著正相关。

第五章从理论和实证两方面对中国进口贸易进行了分析。理论方面，本章构建了一个纳入消费者异质性的消费者最优化模型，并得出“一国的进口需求与该国GDP正相关，与其消费者异质性正相关，与贸易伙伴消费者异质性负相关，与贸易成本负相关”的结论。实证方面，将理论结论与经典的引力模型相结合，并考虑到双边贸易阻力和多边贸易阻力方面的影响，然后选取GDP含金量和国民幸福指数衡量消费者异质性，对2000～2014年中国从86个国家进口的平衡面板数据进行分析，结果表明：作为进口贸易的消费者，消费者异质性的确对进口贸易有显著影响。

基于第五章的理论基础，在第六章中笔者把焦点放在了省际进口贸易，虽然中国整体上得到快速发展，各省份也得到了不同的发展，但是发展不平衡已成为一个难题，进口贸易也是如此。进口贸易的不平衡发展不仅体现在贸易总量上，还体现在贸易结构、进口地区结构等方面。基于数据的可获得性，本章只对贸易总量和进口地区结构进行了分析。消费者异质性对省际进口贸易的研究得到了和前两章相一致的结论，而且作为省际层面的消费者异质性的衡量指标（GDP含金量和DLI指数）也能为不平衡发展提供一定的指导作用。

前面的内容所用数据基本是平衡的面板数据，第七章则是基于非平衡面板数据进行分析。经历改革开放40年的快速发展，中国经济仍在全球化并向强国转变的道路上前行。中国是全球化和自由贸易的受益者也是忠实的拥护者和执行者。但是，英国脱欧、“中美贸易战”等反全球化和反自由贸易现象在一定程度上反映了国际市场发展失衡，加之长期以来国内发展失衡，“人类命运共同体”“新时期的社会主要矛盾的转变”以及“主动扩大进口贸易”的提出，预示着中国已经认识到“两个市场”均衡发展的重要性。本章基于消费者异质性（DLI指数和GDP含金量）视角分析省际进口贸易，这不仅有助于深刻认识省际进口贸易发展对中国全球化和自由贸易的重要性，更有助于国家设计更为合理的全球发展战略，从而使中国经济发展更具韧性。考虑到零贸易现象的存在（即非平衡面板），将利用固定效应方法（FE）、变异数分析方法（ANOVA）、极大似然估计方法（MLE）和受约束的极大似然估计方法（REML）进行参数估计；考虑到内生性问题，将利用工具变量和动态面板分析两种方法进行分析，结论均是稳健的。

第二节 政策建议

2012年开始中国经济发展进入新常态，新常态不仅说明了中国发展进入一个新的时期，其中也包含了政府和学者对中国经济发展的一种期许，也就是希望高速发展之后中国经济在中高速这个“档位”持续的时间尽量的长一些，这就需要我们要对新常态经济有一个清晰的认识，即新常态本义就是回归民生。作为中国经济发展主要动力之一的进出口贸易，相应的发展也应该与民生方面相结合，当然，也需要从贸易和经济本身的困难作出调整。基于此，本书归纳以下几点政策建议：

1. 调整和优化收入分配结构

收入作为民生关注的主要问题之一，结构的优化是社会民生改善主要切入点之一。目前中国经济发展速度放缓、收入差距不断扩大，而收入结构又直接关系到需求结构，从而对贸易发展具有重要作用。因此，收入结构的进一步优化可以对中国进出口贸易发展注入新的活力。

具体而言，调整和优化分配收入结构可以从以下几个方面进行：

第一，我国收入差距的大部分形成于初次分配领域，所以，深化收入分配制度改革，关键在于整顿和规范初次分配秩序。首先，推进国有企业改革，特别是消除行政性垄断。对与公共利益无关的国有企业，逐渐减少国家持股比例。加快垄断性行业改革，鼓励多种所有制经济发展，促进行业竞争，最终消除垄断利润。对于涉及公共利益的国有企业，政府要按照现代企业管理模式对其进行管理。其次，强化劳动法令执行，保护劳动者合法权益。积极推进劳动法和劳动合同法的实施。建立行之有效的工资集体协商制度，扭转单个劳动者相对于资本的弱势地位，形成劳资双方共创、共享企业财富的新模式。适当提高最低工资标准，由于中国中低收入人群基数大，提高最低工资水平从而提高低收入人群的收入水平，这将释放出巨大的消费潜能。

第二，推进城乡发展一体化，积极促进农民增加收入。首先，把保持经济平稳较快增长与努力创造就业岗位结合起来，以吸纳更多的农村劳动力就业。其次，积极推进城镇化，逐步减少农村人口，以增加农村人均土地拥有量和农产品需求量，从而增加农民收入。最后，加大以工哺农、以城带乡力度，加快农业和农村经济发展。

第三，促进区域协调发展，逐步缩小地区收入差距。贯彻落实区域协调发展战略，加大对中西部地区经济发展的支持力度。加强和完善财政转移支付，促进基本公共服务均等化。引导中西部地区农村富余劳动力到东部沿海地区就业或就近就地转移就业，增加农民收入。中西部地区应进一步深化改革、扩大开放，不断增强经济发展的内生动力。

第四，完善收入再分配机制，缩小收入分配差距。建立切实可行的收入监测制度，为健全税收调节等收入再分配机制提供必要前提。改革个人所得税制度，将分类所得税转变为综合所得税，并逐步提高个人所得税的免征额。

第五，加强社会保障制度建设。从农村居民最需要的方面入手，建立健全农村最低生活保障制度和新型合作医疗制度，保障农村低收入者的基本生活和农村居民的医疗需要。随着经济发展水平的提高，建立和完善农村养老保险制度，将全部城镇就业人员特别是民营企业就业人员纳入社会保险范围，逐步建立面向所有城镇劳动者的统一的社会保障制度。

2. 重视民生需求、提高民生意识

经济发展应该回归本质，不能再盲目追求物质财富，而要注重国内民生需求。要纠正单纯以 GDP 为导向的政绩观，需要从经济发展、民生改善、社会发展、生态建设、科技创新等方面的情况进行监测，将发展导向引导至质量效益改进和民生福祉提高上来。

首先，要多用民生观考核干部政绩，要摒弃把领导干部的政绩与几个数据和指标完成情况画等号的错误观点，如“GDP”政绩的观点。因为这种考核方式，既不能真实反映领导干部的业绩，又不利于提高领导干部的工作积极性，同时促使一些急功近利、喜欢捞政绩的领导干部在工作中弄虚作假，搞形式主义，这对实现我国社会经济又好又快发展极为不利。

其次，应全方位强化民生观，既要看物质文明、政治文明，又要看精神文明；既要看经济指标，又要看社会指标、人文指标和环境指标；既要看城市变化，又要看农村发展；既要看当前的发展，又要看发展的永续性；既要看经济总量的增长，又要看每个群众得到的实惠；

既要看经济发展，又要看社会稳定；既要看主观努力，又要看客观条件；既要看“看得到、摸得着”的利益，又要看“打基础、谋长远”的隐形发展。

最后，经济发展的重心不仅是“国强”，更是要“民富”，发展成果必须惠及大众，这是科学发展观的一个战略性转变。比如，控制房价过快增长、完善教育和医疗水平、加强环境保护和监管等。彭文生（2015）指出，过去十几年中国房价上涨并没有促进消费，如果下跌所带来的财富损失对消费影响不明显，所以控制房价过快增长则会促进消费增长，从而带动经济发展。

3. 加快从“大国”现状向“强国”目标转变

改革开放后，中国对外贸易迅速发展，并成为贸易大国，主要体现为：进出口贸易规模列世界首位、经济开放度不断提高、外资流入规模不断扩大。但是，与世界贸易强国相比，还存着这很大差距：货物贸易与服务贸易发展严重不平衡，服务贸易相对落后；对外贸易内在结构不合理，贸易利益外溢；吸引直接投资多，对外直接投资少；行业开放不平衡，程度依然偏低。基于中国经济和世界经济的发展，中国需要从贸易大国向强国转变。一方面，要从“国内资源 + 国际市场”充分结合，向“国际资源 + 国内市场”结合（即进口贸易方面）转变；另一方面，贸易强国的内涵是追求国民经济发展的质量。同时，还需要协调进出口方式转变与国民经济发展方式的互动。进口发展主要目的是平衡贸易，这是宏观经济所强调的，但并不能意味着忽视出口贸易的发展，对于出口贸易而言也同样需要注重数量和质量相结合。需要改变“只有出口才能影响经济发展”的错误观点，同时，也需要优化进口贸易结构、注重顺差趋于合理化。

具体而言，实现由贸易大国向强国转变，需要做到以下几个方面：

第一，优化对外贸易结构。首先，优化产品结构，从根本上解决我国对外贸易的结构问题：出口方面，可以对低附加值的简单加工品征收出口关税，并降低出口退税，从价格上影响出口商品结构；同时，限制高污染、高能耗产品的出口，并为自主创新能力创造更多的优惠条件，从产业政策上引导出口产品结构的优化。在进口方面，可以选择性地多进口能源、高技术产品，而限制加工贸易类原料和中间产品的进口。其次，优化外贸主体结构，要着力推进外贸主体结构多元化战略。更重要的是，中国要大力发展服务贸易，尽快融入全球产业链，使服务贸易成为我国由贸易大国向贸易强国转变的支撑点。

第二，培育自己的核心品牌。随着世界经济的快速发展，“品牌竞争力”这个概念被越来越多的人所接受和重视。品牌竞争力是企业核心竞争力的外在表现，它能够使企业持续盈利，使企业获取超额利润。因此，企业自身要努力培养自己的核心品牌，增强自身在中国对外贸易中的“品牌竞争力”，由数量竞争转为质量竞争，最终实现由“中国制造”变为“中国创造”。

第三，政府要提供强有力的政策支持。任何产业的发展，都离不开政府强有力的政策的支持，中国由贸易大国向贸易强国的转变也不例外。政府一方面要落实和完善出口退税、出口信贷、出口信用保险等各项措施，加大对中小企业进出口信贷的支持力度，增强中小企业的信贷抵御能力；另一方面也要加强改善海关、质检、外汇等方面的服务，提高贸易便利化水平。

第四，构筑新的贸易政策体系，参与国际贸易规则的制定。世界经济一体化已经成为不可阻挡的潮流，随着中国加入世界贸易组织，全面、稳健地融入全球经济，是未来中国经济和贸易发展可持续发展的必然选择。尤其是2008 年的国际金融危机更加是为中国走向世界舞台和提高国际话语权提供了难得的机遇。加强区域和双边经济合作，了解和熟悉世界贸易组织的规则，大力推进各个层次区域经济一体化，深入、有效实施自由贸易区战略。

第五，适应国际贸易新常态，迎接美国的挑战。中国对外贸易应该进一步加强国际合作，历史经验告诉我们：中国加入 WTO 之前，进出口贸易总额只有 5098 亿美元，排名世界第六，到了 2012 年达到 3.87 万亿美元，超过美国成为世界第一（郎咸平，2015）。在 2009 年后，国际经济进入了新常态，中国需要适应新常态，特别是来自美国的挑战，如美国与欧盟签订的“跨大西洋贸易与投资伙伴关系协定（TTIP）”，以及“跨太平洋贸易伙伴关系协定（TPP）”。在此背景下，中国主动出击，建立了“亚太自由贸易协定（FTAAP）”、强化了“丝绸之路的重要性”并建立“两行一金”[①] 的合作方式等。加强国际合作需要进一步深化，确立中国的国际地位并掌控话语权。

总之，在保持我国贸易大国地位的同时，必须适应经济全球化进行制度创新，构建我国在经济全球化下对外贸易发展的新体系，推动我国发展成为成熟的贸易强国。

4. 调节不平衡发展，缩小区域差异

中国在快速发展过程中呈现出了发展不平衡的问题，主要体现在以下几方面：城乡经济发展差距较大，区域经济发展差异不断拉大，城乡、区域基础公共服务水平差距明显，教育、医疗和社会保障等社会事业发展相对滞后。

从本书研究视角出发，可以将发展数量和质量相结合，充分利用消费者异质性对进口贸易发展的促进作用，欠发达地区可以为自身构造比较优势，如用高福利引进人才从而提高发展质量。笔者认为，中国不平衡发展主要是因为“人口红利”分配不等，东部地区发达吸引了大量的人口流动从而进一步发展，欠发达地区劳动力质量不高。因此，西部地区可以在优化产业结构、优化经济的同时，重视人才的引进和利用。比如，建立完善的福利体系、注重高素质人才的民生需求、以提高其幸福指数为宗旨。

---

① “两行一金”指的是金砖银行、亚洲基础设施投资银行和丝路基金。

5. 科学审视新常态

2012 年开始，中国经济呈现出高效率、低成本、可持续发展的新常态，这是对现阶段中国经济发展的清醒认识，不是由主观想法和意志而产生，不为主观意志而转移，并不可逃避的必经阶段，也是大势所趋。中国新常态经济之所以“新”，不仅体现在已呈现出的新特征，还包含战略方针、制度条件方面的革新以及思想方法和工作理念的创新。无论政府、企业还是个人都应该科学认识当前形势，理性并认真判断中国发展的趋势，准确把握经济发展新常态这一科学判断和重大决策。

首先，需要对新常态的主要特点有清楚的认识：增长速度从高速向中高速转变；经济结构将不断升级，并不断满足经济发展的本质；发展动力不再是要素和投资驱动，而是更注重创新性①。

其次，新常态的手段应该是“提质增效”，最终的目的是提高国民生活的质量，使得幸福感提升、民生保障更完善等。因此，新常态背景下经济仍是重头戏，但群众是落脚点。由于中国经济体量大、潜力足、政策工具多，要更好地激发创造活力、坚定改革信心，所以，新常态经济的发展需要主动推进而不是被动适应。

李稻葵（2015）指出，中国经济新常态主要表现在新旧增长点拉锯式交替、渐进性结构调整、改革的艰难推进和国际经济领域中国要素的提升（向强国转变）。这个新常态应该是一个动态的、不断塑造新的中国与世界大格局的过程，因此，需要建立一套科学、合理并且可持续发展的体系。

从市场角度出发，新常态可以分为供给端和需求端两方面。有些学者强调供给侧改革其实有失偏颇，应该同时注重供给和需求。前者指的

---

① 卢锋评论指出，习近平用“新常态”向世界描述了中国经济的一系列新现象，包括增速变化、结构升级、动力转变，新常态下中国经济增长更趋平稳，增长动力更为多元，发展前景更加稳定。

是人口红利，这需要调整人口结构、加强劳动力素质；后者则是全球化红利，全球化使得中国外需和内需失衡，出口导向型发展使得外需膨胀，但金融危机后优势减弱，这就需要发展内需，调动消费者的积极性，最主要的是要从居民的需求出发。

当然，还需要建立更为完善的市场体系，提高资源配置的效率，建立合理的政策法规。无论国家还是各省份，制定和实施进口战略时需要将经济贸易政策与国内深化改革、扩大开放结合起来，需要兼顾消费者和生产者的利益，政府除了关注供给侧，也应该关注需求侧。只有这样，中国经济才能科学可持续发展。

第三节　未来的研究展望

首先，本书试图从消费者异质性角度即需求角度丰富贸易理论研究，在理论部分，大多是基于已有模型进行改造，虽然能得到预期的结论，但是需要做一些假设。同时，消费者异质性在模型设定中主要体现在偏好形式的选择，由于非位似偏好的形式很多，暂时还不能找到一个满意的形式从而得到合意的均衡解。因此，笔者希望有一个全新的理论模型与消费者异质性相结合，并得到均衡解，这可能是未来贸易理论发展的一个方向，也是笔者未来研究分析之一。

其次，本书研究初步涉及了国家层面的进口贸易、出口贸易以及省际层面的进口贸易，其实研究的对象可以进一步细化，如城市层面的贸易现象和个人微观层面的贸易现象等。但是，由于数据方面的阻碍，暂时无法实现。不过就个人微观层面而言，随着大数据时代的来临、实名认证的政策实施，以及电子商务的全球化，个人微观层面的相关研究也是有可能实现的。

再次，基于消费者异质性视角，本书研究的对象只是进出口贸易额，还未考虑到对贸易结构、产品以及行业结构的分析，如对消费品进口贸易的分析等也是笔者未来研究方向之一。

最后，民生问题的重要性毋庸置疑，但是，民生问题的衡量是一个难题。虽然，越来越多的指标被提出，如主观感受层面的幸福指数、多指标整合的 GDP 含金量以及发展和发展指数 DLI，但是仍不能做到完全可靠。因此，民生问题衡量和监测体系的建立也是需要进一步研究的。这也是笔者比较感兴趣的方向之一。

附　录

表 A. 1　　2014～2015 年 31 省份 GDP 总量和增速统计

省份	2014 年人均 GDP（万元）	名义增速（%）	2015 年人均 GDP（万元）	名义增速（%）
广东	67792. 24	7. 8	72812. 55	8. 0
江苏	65088. 32	8. 7	70116. 38	8. 5
山东	59426. 60	8. 7	63002. 30	8. 0
浙江	40153. 50	7. 6	42886. 00	8. 0
河南	34939. 38	8. 9	37010. 25	8. 3
河北	29421. 20	6. 5	29806. 10	6. 8
辽宁	28626. 58	5. 8	28743. 40	3. 0
四川	28536. 70	8. 5	30103. 10	7. 9
湖北	27367. 04	9. 7	29550. 19	8. 9
湖南	27048. 50	9. 5	29047. 20	8. 6
福建	24055. 76	9. 9	25979. 82	9. 0
上海	23560. 94	7. 0	24964. 99	6. 9
北京	21330. 80	7. 3	22968. 60	6. 9
安徽	20848. 80	9. 2	22005. 60	8. 7
内蒙古	17769. 50	7. 8	18032. 79	7. 7
陕西	17689. 94	9. 7	18171. 86	7. 6
天津	15722. 47	10. 0	16538. 19	9. 3
江西	15708. 60	9. 7	16723. 80	9. 1
广西	15672. 97	8. 5	16803. 12	8. 1
黑龙江	15039. 40	5. 6	15083. 70	5. 7
重庆	14265. 40	10. 9	15719. 71	11. 0
吉林	13803. 81	6. 5	14274. 11	6. 3

续表

省份	2014 年人均 GDP（万元）	名义增速（%）	2015 年人均 GDP（万元）	名义增速（%）
云南	12814. 59	8. 1	13717. 88	8. 7
山西	12759. 44	4. 9	12802. 58	3. 1
新疆	9264. 10	10. 0	9324. 80	8. 4
贵州	9251. 01	10. 8	10502. 56	10. 7
甘肃	6835. 27	8. 9	6790. 32	8. 0
海南	3500. 72	8. 5	3702. 80	7. 8
宁夏	2752. 10	8. 0	2911. 77	8. 0
青海	2301. 12	9. 2	2417. 05	7. 2
西藏	920. 80	10. 8	1026. 39	11. 0

资料来源：各省历年统计年鉴整理而得。

表 A. 2　　2014～2015 年 31 省份人均 GDP 总量统计

省份	2014 年人均 GDP（万元）	名义增速（%）	2015 年人均 GDP（万元）	名义增速（%）
广东	6. 37	9. 08	6. 98	9. 58
江苏	8. 20	10. 07	8. 85	7. 93
山东	6. 11	8. 90	6. 58	7. 70
浙江	7. 30	6. 88	7. 64	4. 66
河南	3. 71	8. 48	3. 94	6. 20
河北	4. 01	3. 89	4. 15	3. 49
辽宁	6. 52	5. 67	6. 57	0. 76
四川	3. 52	8. 64	3. 74	6. 25
湖北	4. 72	11. 06	5. 16	9. 32
湖南	4. 04	10. 38	4. 08	1. 00
福建	6. 37	10. 40	7. 04	10. 52
上海	9. 76	9. 17	10. 34	5. 94
北京	10. 09	9. 44	10. 58	4. 86

续表

省份	2014 年人均 GDP（万元）	名义增速（%）	2015 年人均 GDP（万元）	名义增速（%）
安徽	3.46	9.49	3.70	6.94
内蒙古	7.11	5.49	7.30	2.67
陕西	4.70	10.33	4.87	3.62
天津	10.68	9.43	10.90	2.06
江西	3.47	9.46	3.71	6.92
广西	3.32	8.85	3.65	9.94
黑龙江	3.92	4.53	3.94	0.51
重庆	4.80	12.68	5.21	8.54
吉林	5.01	6.14	5.20	3.80
云南	2.73	8.33	2.98	9.16
山西	3.52	1.44	3.56	1.14
新疆	4.09	9.95	4.27	4.40
贵州	2.64	15.28	3.02	14.40
甘肃	2.65	7.29	2.66	0.37
海南	3.91	10.45	4.27	9.21
宁夏	4.21	7.40	4.62	0.22
青海	3.98	9.34	4.30	8.04
西藏	2.95	12.60	3.65	23.73

资料来源：各省历年统计年鉴整理而得。

参考文献

[1] 鲍晓华，金毓．出口质量与生产率进步：收入分配的影响力[J]．财经研究，2013（8）：64－74.

[2] 鲍晓华，朱钟棣．技术性贸易壁垒的测量及其对中国进口贸易的影响［J]．世界经济，2006（7）：3－14.

[3] 陈波，贺超群．出口与工资差距：基于我国工业企业的理论与实证分析［J]．管理世界，2013（8）：6－17.

[4] 陈强．高级计量经济学及Stata应用［M]．北京：高等教育出版社，2015：102.

[5] 陈秋玲，许玲丽，石灵云等．幸福经济学［M]．上海：上海大学出版社，2015：72.

[6] 陈世清．新常态经济与新常态经济学［J]．宁德师范学院学报（哲学社会科学版），2015（2）：34－38.

[7] 陈玉明．中国进口贸易的影响因素研究——来自省际面板数据的实证分析［J]．审计与经济研究，2013（3）：106－112.

[8] 程恩富．科学发展观的经济理论探讨［J]．前线，2010（4）：11－13.

[9] 杜江．进口与经济增长的因果关系实证分析——兼论“重新审视进口在经济增长中的作用”［J]．国际贸易问题，2007（4）：9－13.

[10] 俄罗斯．消费者权利保护法［Z]．2005－01－01.

[11]《中华人民共和国消费者权益保护法》办法 [Z]. 2005-01-01.

[12] 高新. 消费者异质性对中国出口贸易影响研究 [J]. 中国经济问题, 2015 (5): 57-68.

[13] 高新. 进口贸易、消费者异质性与民生改善 [J]. 现代财经——天津财经大学学报, 2016 (3): 90-100.

[14] 韩彪, 周光伟. 中国 GDP 含金量研究文献评述 [J]. 深圳大学学报 (人文社会科学版), 2012 (5): 95-99.

[15] 何立新, 潘春阳. 破解中国的"Easterlin 悖论": 收入差距、机会不均与居民幸福感 [J]. 管理世界, 2011 (8): 11-23.

[16] 黄新飞, 舒元. 国际贸易与中国省区经济增长 [M]. 北京: 科学出版社, 2010: 117.

[17] 江苏省. 保护消费者权益条例 [Z]. 2016-01-01.

[18] 金碚. 论民生的经济学性质 [J]. 中国工业经济, 2011 (1): 5-16.

[19] 郎咸平. 中国经济的旧制度与新常态 [M]. 北京: 东方出版社, 2015: 174.

[20] 李树, 陈刚. 幸福的就业效应——对幸福感、就业和隐性再就业的经验研究 [J]. 经济研究, 2015 (5): 62-74.

[21] 李晓西, 吴铭. 统计贡献度与实际贡献度辨析——2009~2011 年外贸对中国国民经济贡献度的客观评价 [J]. 国际贸易, 2012 (5): 10-12.

[22] 林江, 周少君, 魏万青. 城市住房、住房产权与主观幸福感 [J]. 财贸经济, 2012 (5): 114-120.

[23] 刘军强. 经济增长时期的国民幸福感——基于 CGSS 数据的追踪研究 [J]. 中国社会科学, 2012 (12): 82-102.

[24] 龙柏林. 经济发展的幸福转向 [J]. 吉首大学学报 (社会科

学版)，2012 (4)：145 - 149.

[25] 卢泰宏，周懿瑾. 消费者行为学——中国消费者透视 [M]. 北京：中国人民大学出版社，2015：124.

[26] 罗楚亮. 绝对收入、相对收入与主观幸福感——来自中国城乡住户调查数据的经验分析 [J]. 财经研究，2009 (11)：79 - 91.

[27] 吕剑. 外部冲击对我国进口贸易影响的实证分析 [J]. 世界经济与政治论，2007 (2)：1 - 5.

[28] 吕玉花. 中国进出口贸易流量的影响因素研究——基于引力模型面板数据 [J]. 经济问题，2009 (10)：29 - 31.

[29] 马汴京，蔡海静. 经济全球化如何影响了中国居民幸福感——来自 CGSS2008 的经验证据 [J]. 财贸经济，2014 (7)：116 - 127.

[30] 马涛，刘仕国. 产业内分工下中国进口结构与增长的二元边际——基于引力模型的动态面板数据分析 [J]. 南开经济研究，2010 (4)：92 - 109.

[31] 美国. 布莱克法律词典 [M]. 北京：北京市图书进出口有限公司出版社，1990：237.

[32] 钱学锋. 企业异质性、贸易成本与中国出口增长的二元边际 [J]. 管理世界，2008 (9)：48 - 56.

[33] 田国强，杨立岩. 对“幸福—收入之谜”的一个解答 [J]. 经济研究，2006 (11)：4 - 15.

[34] 王玥. 收入分配不平等对出口贸易影响的实证研究 [D]. 南京大学，2013：14 - 35.

[35] 文洋. 收入分配对我国出口贸易的影响——基于非参数核密度估计的需求结构重叠视角 [J]. 世界经济研究，2011 (10)：33 - 39.

[36] 文洋. 新形势下中国自由贸易区战略 [J]. 理论视野，2014 (2)：39 - 44.

[37] 文洋，张振华. 收入分配差距对我国进口贸易的影响 [J].

国际贸易问题，2011（11）：43－52.

［38］吴敬琏等．新常态改变中国［M］．北京：民主与建设出版社，2015：173.

［39］吴敬琏等．供给侧改革引领“十三五”［M］．北京：中信出版集团，2016：146.

［40］鲜祖德等．2010年地区综合发展指数报告［J］．调研世界，2012（1）：3－6.

［41］谢识予，娄伶俐，朱弘鑫．显性因子的效用中介、社会攀比和幸福悖论［J］．世界经济文汇，2010（4）：19－32.

［42］熊芳．中国贸易失衡问题：基于跨时贸易理论的研究［M］．成都：西南财经大学出版社，2013：113.

［43］许德友，梁琦．贸易成本与国内产业地理［J］．经济学（季刊），2012（3）：1113－1126.

［44］徐映梅，夏伦．中国居民主观幸福感影响因素分析［J］．中南财经政法大学学报，2014（2）：12－21.

［45］杨丽华．中国进口贸易可持续发展体系的构建研究［M］．北京：经济科学出版社，2013：95.

［46］杨贵中．需求因素对中国三次产业增长的影响研究［M］．成都：西南财经大学出版社，2013：123.

［47］杨开忠．中国经济区划转型与前沿课题［J］．中国行政管理，2010（5）：79－82.

［48］余长林．知识产权保护与我国的进口贸易增长：基于扩展贸易引力模型的经验分析［J］．管理世界，2011（6）：11－23.

［49］于燕．中国进口贸易增长的影响因素分析——基于行业层面的贸易引力模型［J］．中国经济问题，2014（5）：99－108.

［50］张源媛．中国进口贸易与经济增长关系研究［M］．北京：中国农业科学技术出版社，2014：59.

[51] 张彧泽，刘丽，谭学文．中国对外贸易依存度与基尼系数的联动性分析 [J]. 商业时代，2013 (5)：42 -43.

[52] 张红霞，范跃进．对外贸易与地区差距：中国的经验研究 [M]. 北京：经济科学出版社，2010：52 -54.

[53] 赵锦春，谢建国．需求结构重叠与中国的进口贸易——基于收入分配相似的实证分析 [J]. 国际贸易问题，2014 (1)：27 -42.

[54] 中华人民共和国消费者权益保护法 [Z]. 2014 -01 -01.

[55] 中国社会科学院数量经济与技术经济研究所循环经济发展评价创新工程项目组．中国"经济新常态"：内涵与对策 [M]. 北京：中国社会科学出版社，2015：78.

[56] 朱其堂，谭志雄．国际产业转移、实际有效汇率与进口贸易——基于我国 1082 -2007 年数据的实证研究 [J]. 经济问题探索，2010 (7)：21 -26.

[57] Adma, S. An Inquiry into the Nature and Causes of the Wealth of Nations [M]. Chicago: Unversity of Chicago Perss, 1776: 127 -142.

[58] Alam, S. & Q. Ahmed. Exchange Rate Volatility and Pakistan's Import Demand: An Application of Autoregressive Distributed Lag Model [J]. International Research Journal of Finance and Economics, 2010, 4 (8): 7 -22.

[59] Allen, R. A reconsideration of the theory of value [J]. Economica, 1934, (1): 196 -219.

[60] Alesina, A. et al. Ineqauality and Happiness: Are Europeans and American Different? [J]. Journal of Public Economics, 2004, 88 (9 -10): 2009 -2042.

[61] Anderson, E. G. An Intra-industry Trade Model in a Vertical Differentiation Framework, Working Paper, 2009.

[62] Anderson, J. & E. Wincoop. Gravity with Gravitas: A Solution to

the Border Puzzle [J]. American Economic Review, 2003, 93 (1): 170 - 192.

[63] Antràs, P. Firms, contracts and trade structure [J]. The Quarterly Journal of Economics, 2003, 118 (4): 375 - 418.

[64] Antràs, P. & A. Costinot. Intermediation and Economic Integration [J]. American Economic Review, 2009, 100 (2): 424 - 428.

[65] Antràs, P. & E. Helpman. Global Sourcing [J]. The Journal of Political Economy, 2004, 6: 552 - 580.

[66] Antràs, P. & E. Helpman. Contractual Frictions and Global Sourcing, Working Paper, 2006.

[67] Arnon, A. & J. Weinblatt. Linder's Hypothesis Revisited: Income Similarity Effects for Low Income Countries [J]. Applied EconomicsLetters, 1998, 5 (10) 607 - 611.

[68] Baldwin, B. & J. Forslid. Trade Liberalization with Heterogeneous Firms, CEPR Discussing Paper, 2004.

[69] Baldwin, R. E. & F. R. Nicoud. The Impact of Trade on Intra-industry Reallocations and Aggregate Industry Productivity: A Comment, Working Paper, 2004.

[70] Baldwin, R. E. & P. Krugman. Agglomeration, integration and tax harmonisation [J]. European Economic Review, 2004, 48 (1): 1 - 23.

[71] Baldwin, R. E. & T. Okubo. Agglomeration Offshoring and Heterogeneous Firms, CEPR Discussing Paper, 2006.

[72] Bartholomae, F. W. Trade and Consumer Heterogeneity, Working Paper, 2011.

[73] Bekkers, E., Francois, J. & M. Manchin. Import prices, income and inequality [J]. European Economic Review, 2012, (56): 848 - 869.

[74] Ben L. & Y. Lu. Happiness and Development: The Effect of Mental Well - being on Economic Growth, Working Paper, 2009.

[75] Bernard, A. B., Eaton, J. & J. B. Jensen et al. Plants and Productivity in International Trade [J]. American Economic Review, 2003, 93 (4): 1268 - 1290.

[76] Bernard, A. B. & J. B. Jensen. Exporers, Jobs and Wages in U. S. Manufacturing, 1976 - 1987 [J]. Brookings Papers on Economic Activity, Microeconomics, 1995 (4): 67 - 119.

[77] Bernard, A. B. & J. Harrigan. Zeros, Quality and Space, Working Paper, 2011.

[78] Bernard, A. B. & J. Wagner. Export Entry and Exit by German Firms, NBER Working Paper, 1996.

[79] Bernasconi, C. Similarity of Income Distributions and the Extensive and Intensive Margin of Bilateral Trade Flows, Working Paper, 2009.

[80] Blanch, D. G. & A. J. Oswald. Wellbeing over Time in Britain and the USA [J]. Journal of Public Economics, 2004, 88 (7 - 8): 1359 - 1386.

[81] Bosman, R. & W. Frans. Emotional Hazard in a Power-to-Take Experiment [J]. Economic Journal, 2002, 112 (476): 147 - 169.

[82] Brander, J. & P. Krugman. A Reciprocal Dumping Model of International Trade [J]. Journal of International Economics, 1996, 15 (3 - 4): 313 - 321.

[83] Bukhari, S., Ahmad, M. H. & S. Alam, et al. An Empirical Analysis of the Linder Theory of International Trade for South Asian Countries [J]. Pakistan Development Review, 2005, 44 (3): 307.

[84] Cassing, J. & S. Nishioka. Nonhomothetic Tastes and Missing Trade in Factor Services, Working Papers, 2009.

[85] Choi, C. Linder hypothesis revisited [J]. Applied Economics

Letters, 2002, 9 (9): 601 -605.

[86] Choi, C., Hummels, D. & X. Chong. Explaining Import Quality: The Role of the Income Distribution [J]. Journal of Internatioal Economics, 2009, 78 (2): 265 -275.

[87] Chung, C. Nonhomothetic Preferences and the Home Market Effect: Does Relative Market Size Matter?, Working Papers, 2002.

[88] Chung, C. Factor Content of Trade: Nonhomothetic Preferences and missing Trade [D]. KDI, School of Public Policy and Management, 2003: 265 -275.

[89] Chung, C. Nonhomothetic Preferences as a Cause of Missing Trade and Other Mysteries, Georgia Institute of Technology Working Paper, 2005.

[90] Clark, A. E. & A. J. Oswald. Unhappiness and unemployment [J]. Economic Journal, 1994 (104): 648 -659.

[91] Clark, A. E.. & A. J. Oswald. Comparison-concave Utility and Following Behaviour in Social and Economic Settings [J]. Journal of Public Economics, 1998, 70 (1): 133 -155.

[92] Dalgin, M., Trindade, V. & D. Mitra. Inequality, Nonhomothetic Preferences, and Trade: A Gravity Approach [J]. Southern Economic Journal, 2008, 74 (3): 747 -774.

[93] Deaton, A. Income, Health and Wellbeing around the World: Evidence from the Gallup World Poll [J]. D. A. Wise (eds.), Journal of Economic Perspectives, 2008, 22 (2): 53 -72.

[94] Deaton, A. Income, Aging, Health and Wellbeing around the World: Evidence from the Gallup World Poll [M]. D. A. Wise (eds.), Explorations in the Economics of Aging, University of Chicago Press, 2010: 53 -72.

[95] Deaton, A. The Financial Crisis and the Wellbeing of Americans [J]. Oxford Economic Paper, 2012, 64 (1): 1-26.

[96] Deaton, A. The Great Escape: Health, Wealth and the Origins of Inequality [M]. New Jersey: Princeton University Press, 2013: 47-74.

[97] Deaton, A. & A. Stone. Tow Happiness Puzzles [J]. American Economic Review, 2013, 103 (3): 591-597.

[98] Deaton, A. &R. Arora. Life at the top: The Benefits of Height [J]. Economics and Human Biology, 2009, 7 (2): 133-135.

[99] Demmou, L. Technical Progress in North and Welfare Gains in South under Nonhomothetic preferences, Working Paper, 2007.

[100] Demmou, L. How Product Innovation in the North May Immiserize the South: A New Look at the Ricardian Model with a Continuum of Goods, Working Paper, 2012.

[101] Dinopoulos, E., Fujiwara, K. & K. Shimomura. International Trade Patterns under Quasi-Linear Preferences, Working Paper, 2007.

[102] Dinopoulos, E., Fujiwara, K. & K. Shimomura. International Trade and Volume Patterns under Quasilinear Preferences [J]. Review of Development Economics, 2011 (15): 154-167.

[103] Dixit, A. K. interinational Trade Polcy Oligopolisticrties Industries [J]. Economies Jouroal, 1984 (94): 1-16.

[104] Dixit, A. K & J. E. Stiglitz. Monopolistic Competition and OptimumProduct Diversity [J]. The American Economic Review, 1977, 67 (3): 297-308.

[105] Duesenberry, J. S. Income, Saving and the Theory of Consumer Behaviour [M]. Cambridge, Harvard University Press, 1949: 97-102.

[106] Easterlin, R. Does Economic Growth Improve the Human Lot? Some Empirical Evidence [M]. P. David & M. Reder (eds.), Nations and

Households in Economic Growth: Essays in Honor of Moses Abramovitz, Academic Press, 1974: 73 - 82.

[107] Easterlin, R. Will Raising the Incomes of All Increase the Happiness of All [J]. Journal of Economic Behaviour and Organization, 1975, 27 (1): 35 - 47.

[108] Easterlin, R. A Life Cycle Happiness and Its Sources: Intersection of Psychology, Economics and Demography [J]. Journal of Economic Psychology,, 2006, 27 (4): 463 - 482.

[109] Eaton, J. & S. Kortum. Technology, Geography and Trade [J]. Econometrica, 2002, 70 (5): 1741 - 1779.

[110] Ho, W. Estimating Macao's Importer Demand function [J]. Monetary Authority of Macao, 2004, 18 (1): 125 - 149.

[111] Fajgelbaum, P. D., Grossman, G. M. & E. Helpman. Income distribution, product quality, and international trade, Working Paper, 2011.

[112] Falvey, R. & H. Kierzkowski. Product Quality, Intra-industry Trade and (Im) perfect Competition [M]. H. Kierzkowski, ed., Protection and Competition in International Trade, (Oxford: Basil Blackwell), 1987: 112 - 132.

[113] Feenstra, R. C., Markusen, J. R. & A. K. Rose. Using the Gravity Equation to Differentiate among Alternative Theories of Trade [J]. Canadian Journal of Economics, 2001, 34 (2): 30 - 47.

[114] Fieler, A. C. Non-Homotheticity and Bilateral Trade: Evidence and a Quantitative Explanation. Department of Economics [D]. New York University, 2007: 52 - 67.

[115] Fieler, A. C. Nonhomotheticity and Bilateral Trade: Evidence and a Quantitative Explanation [J]. Econometrica, 2011, 79 (4): 1069 - 1101.

[116] Fieler, A. C. Quality Differentiation in International Trade: Evidence from the Demand and Supply Sides [D]. University of Pennsylvania, 2011: 112 - 143.

[117] Flam, H. & E. Helpman. Vertical Product Differentiation and North - South Trade [J]. The American Economic Review, 1987, 77 (5): 810 - 822.

[118] Elste J. Emotions and Economic Theory [J]. Journal of Economic Literature, 1998, 36 (1): 47 - 74.

[119] Foellmia, R. Inequality, Market Power and Product Diversity [J]. Economics Letters, 2004, 82 (2): 139 - 145.

[120] Francesco, D. C. Verti-zontal Differentiation in Export Markets [J]. Journal of International Economics, 2014, 93 (1): 50 - 66.

[121] Francois, J. F. & S. Kaplan. Aggregate Demand Shifts, Income Distribution, and the Linder Hypothesis [J]. Review of Economics and Statistics, 1996, 78 (2): 244 - 250.

[122] Frank, R. H. Microeconomics and behavior (5th edition) [M]. New York: McGraw-Hill, 2002: 87 - 115.

[123] Frey, B. S. & A. Stutzer. What can Economists Learn from Happiness Research? [J]. Journal of Economic Literatrue, 2002, 40 (1): 107 - 122.

[124] Frey, B. S. & A. Stutzer. Testing Theories of Happiness, Working Paper, 2007.

[125] Fukushima, M. A Trade Model of Inequality and Varieties, Working Paper, 2009.

[126] Gardner, J. & O. J. Oswald. Money and Mental Wellbeing: A Longitudinal Study of Medium-Sized Lottery Wins [J]. Journal of Health Economics, 2007, 26 (1): 49 - 60.

[127] Graham, C. & A. Felton. Inequality and Happiness: Insights from Latin America [J]. Journal of Inequality, 2006, 4 (1): 107 - 122.

[128] Gourdon, J. Explaining Trade Flows: Traditional and New Determinants of Trade Patterns [J]. Journal of Economic Integration, 2009, 24 (1): 53 - 86.

[129] Grossman, G. M. & E. Helpman. Outsourcing in a Global Economy [J]. Review of Economic Studies, 2005, 72 (1): 135 - 159.

[130] Hallak, J. C. A Product-Quality View of the Linder Hypothesis [J]. Journal of International Economics, 2006, 68 (1): 238 - 265.

[131] Hallak, J. C. A Product-Quality View of the Linder Hypothesis [J]. The Review of Economics and Statistics, 2010, 92 (3): 453 - 466.

[132] Helpman, E., Melitz, M. J. & S. R. Yeaple. Export versus FDI with Heterogeneous Firms [J]. The American Economic Review, 2004, 94 (1): 300 - 316.

[133] Hermalin, B. & I. Alice. A Model of the Effect of Affect on Economic Decision Making [J]. Quantitative Marketing and Economics, 2008, 6 (1): 17 - 40.

[134] Hicks, J. A reconsideration of the theory of value [J]. Economica, 1934 (1): 52 - 75.

[135] Hirsch, F. The Social Limits to Growth [M]. Cambridge: Harvard University Press, 1976: 34 - 51.

[136] Hopenhayn, H. A. Entry, Exit and Firm Dynamics in Long Run Equilibrium [J]. Econometrica, 1992, 60 (5): 1127 - 1150.

[137] Hunter, L. The Contribution of Nonhomothetic Preferences to Trade [J]. Journal of International Economics, 1991, 30 (3 - 4): 345 - 358.

[138] Hunter, L. & J. Markusen. Per Capita Income as a Basis for Trade, Empirical Methods for International Trade [M]. Cambridge, MA:

MIT Press, 1988: 89 - 109.

[139] Jacks, D., Meissner, C. & D. Novy. Trade Costs: 1870 - 2000 [J]. American Economic Review, 2006, 98 (2): 529 - 534.

[140] Jaimovich, E. & V. Merella. Quality Ladders in a Ricardian Model of Trade with Nonhomothetic Preferences, Working Paper, 2000.

[141] Jeroen, C. J. & V. D. Bergh. The GDP Paradox [J]. Journal of Economic Psychology, 2009, 30: 117 - 135.

[142] Kahneman, D. Map of Bounded Rationality: Psychology for Behavioural Economics [J]. American Economic Review, 2003, 93 (5): 1449 - 1475.

[143] Kim, Y. & V. Trindade. Demand And Supply Effects in the Factor Content of Trade, Working Paper, 2007.

[144] Kirchsteiger, G., Rigotti, L. & A. Rustichini. Your Morals Might Be Your Moods [J]. Journal of Economic Behavior & Organization, 2006, 59 (2): 155 - 172.

[145] Kohlhagen, S. W. Income Distribution and Representative Demand in International Trade Flows: An Empirical Test of Linder's Hypothesis [J]. Southern Economic Journal, 1997, 1 (1): 167 - 172.

[146] Kohler, A. Non-homothetic Preferences, Growth, and International Trade, Working Paper, 2010.

[147] Kugler, M. & J. Zweimueller. National Income Distributions and International Trade Flows, Working Paper, 2005.

[148] Krugman, P. R. Increasing Returns, Monopolistic Competition, and International Trade [J]. Journal of international economics, 1979, 9 (4): 469 - 479.

[149] Krugman, P. R. Scale Economies, Product Differentiation and the Pattern of Trade [J]. The American Economic Review, 1980, 70 (5):

50 - 91.

[150] Lancaster, K. Variety, Equity and Efficiency [M]. New York: Columbia University Press, 1979: 51 - 67.

[151] Latzer, H. & F. Mayneris. Trade income Quality and Income Distribution: an Analysis of the Enlairged EU Market, Working Papers of BETA, 2011.

[152] Leontief, W. W. Input-output Analysis and its Use in Peace and War Economies [J]. American Economic Review, 1949, 39 (3): 211 - 225.

[153] Linnemann, H. & C. Beers. Commodity Composition of Trade in Manufactures and South-South Trade Potential, Working Paper, 1988.

[154] Linder, S. B. An Essay on Trade and Transformation [M]. Uppsala: Almqvist and Wiksells, 196: 113 - 125.

[155] Loewenstein, G. Because it is there: The challenge of mountaineering for utility theory [J]. Kyklos, 1999, 52 (3): 315 - 343.

[156] Mani, A. & J. Hwang. Income Distribution, Learning-by-Doing and Comparative Advantage [J]. Review of Development Economics, 2004, 8 (3): 452 - 473.

[157] Maiti, P. India's Imports During the Last There Decades: An Econometric Study [J]. The India Journal of Statistics, 1986, 48 (1): 78 - 114.

[158] Marcelo, F. Non-Homothetic Preferences and Labor Heterogeneity: The Effects of Income Inequality on Trade Patterns, Working Paper, 2008.

[159] Markusen, J. R. Putting Per-Capita Income back into Trade Theory, NBER Working Paper, 2010.

[160] Martinez, I. & F. D. Nowak. Economic and Geographical Dis-

tance: Explaining Mercosur Sectoral Exports to the EU [J]. Open Economies Review, 2004, 15 (3): 291 -314.

[161] Matsuyama, K. A Ricardian Model with a Continuum of Goods under Nonhomothetic Preferences: Demand Complementarities, Income Distribution and North - South Trade [J]. Journal of Political Economy, 2000, 108 (6): 1093 -1120.

[162] McMahon, D. M. Hapiness: A History [M]. Atlantic: Atlantic Monthly Press, 2006: 123 -135.

[163] McPherson, M. A., Redfearn, M. R., & M. A. Tieslau. A Re-examination of the Linder Hypothesis: A Random-effects Tobit Approach [J]. International Economic Journal, 2000, 14 (3): 123 -136.

[164] McPherson, M. A., Redfearn, M. R. & M. A. Tieslau. International Trade and Developing Countries: An Empirical Investigation of the Linder Hypothesis [J]. Applied Economics, 2001, 33 (5): 649 -657.

[165] Melitz, M. The Impact of Trade on Intra-Industry Reallocations and Aggregate Industry Productivity [J]. Econometrica, 2003, 71 (6): 1695 -1725.

[166] Melitz, M. The Impact of Trade on Intraindustry Reallocation and Aggregate Industry Productivity [J]. Econometrica, 2008, 71 (6): 1695 -1725.

[167] Melitz, M. & G. Ottaviano. Market Size, Trade, and Productivity, Review of Economic Studies [J]. 2008, 75 (1): 295 -316.

[168] Mill, J. S. Utilitarianism In Roger Crisp (ed.), Utilitarianism: John Stuart Mill. (1988 Reprint). Oxford: Oxford University Press, 1863: 95 -112.

[169] Mitra, D. & V. Trindade. Inequality and Trade [J]. Canadian Journal of Economics/Revuecanadienne Economique, 2005, 38 (4): 21 -34.

[170] Murphy, K. M. & A. Shleifer. Quality and Trade [J]. Journal of Development Economics, 1997, 53 (1): 1-15.

[171] Narayan, S. An Empirical Analysis of Fiji's Import Demand Function [J]. Journal of Economic Studies, 2005, 32 (2): 158-168.

[172] Novy, D. Gravity Redux: Measuring International Trade Costs with Panel Data [D]. University of Warwick, 2006: 87-95.

[173] Ohlin, B. Interregional and International Trade [M]. Cambridge, MA: Harvard University Press, 1933: 98-132.

[174] Ottaviano, G., Tabuchi, T. & J. Thisse. Agglomeration and Trade Revisited [J]. International Economic Review, 2002 (4): 9-35.

[175] Pham, C. S., Lovely, M. E. & D. Mitra. The Home-market Effect and Bilateral Trade Patterns: A Reexamination of the Evidence [J]. International Review of Economics and Finance, 2014, 30: 120-137.

[176] Reimer, J. J. & T. W. Hertel. Nonhomothetic Preferences and International Trade [J]. Review of International Economics, 2010, 18 (2): 408-425.

[177] Requena, F. & J. Walker. Is Inequality Harmful for North-South Intra-Industry Trade Growth? [J]. The International Trade Journal, 2007, 21 (1): 25-52.

[178] Reto, F., Hepenstrick, C. & J. Zweimuller. Non-homothetic Preferences, Parallel Imports and the Extensive Margin of International Trade, Working Paper of University of Zurich, 2010.

[179] Ramos, F. Exports, Imports and Economic Growth in Portugal: Evidence from Causality and Cointegration Analysis [J]. Economic Modelling, 2001, 18 (4): 613-623.

[180] Reimer, J. J. & T. W. Hertel. Nonhomothetic Preferences and International Trade, Working Paper, 2010.

[181] Ricardo, D. Principles of political economy [M]. Cambridge: Cambridge Press, 1817: 65 - 76.

[182] Rydzek, B. Trade Effects of Income Inequality Within and Between Countries, Working Paper, 2013.

[183] Sailors, J. W., Qureshi, U. A. & E. M. Cross. Empirical Verification of Linder's Trade Thesis [J]. Southern Economic Journal, 1973, 1 (1): 262 - 268.

[184] Simonovska, I. Income Differences and Prices of Tradables [D]. University of California Davis, 2010: 84 - 98.

[185] Stokey, N. L. The Volume and Composition of Trade between Rich and Poor Countries [J]. The Review of Economic Studies, 1991, 58 (1): 63 - 80.

[186] Stutzer, A. The Role of Income Aspirations in Individual Happiness [J]. Journal of Economic Behavior and Orgnization, 2004, 54 (1): 89 - 109.

[187] Tallerth, J. & A. K. Bohara. Economic Openness and Green GDP [J]. Ecological Economics, 2006, 58: 743 - 758.

[188] Tarasov, A. Per Capita Income, Market Access Costs, and Trade Volumes, Discussion Papers in Economics, 2010: 72 - 85.

[189] Thursby, J. G. & M. C. Thursby. Bilateral Trade Flows, the Linder Hypothesis, and Exchange Risk [J]. The Review of Economics and Statistics, 1987, 69 (3): 488 - 495.

[190] Trefler, D. The Case of the Missing Trade and Other Mysteries [J]. American Economic Review, 1995, 85: 1029 - 1046.

[191] Vanek, J. An Alternative Proof of the Factor Price Equalization Theorem [J]. Quarterly Journal of Economics, 1960, 74 (4): 633 - 634.

[192] Varian, R. H. Intermediate microeconomics: A Modern Ap-

proach (5thedition) [M]. New York: W. W. Norton and Company, 2002: 27 -52.

[193] Wen, X. & R. Smyth. Economic Openness and Subjective Well-being in China [J]. China & World Economy, 2010, 18 (2): 22 -40.

[194] Winkelnann, L. & R. Winkelnann. Why are the Unemloyed so Unhappy? Evidence from Panel Data [J]. Economica, 1998, 65 (257): 1 -15.

[195] Wooldrige, J. M. Econometric Analysis of Cross Section and Panel Data [M]. Cambridge: MIT Press, 2010: 87 -115.

致　谢

时光飞逝，转眼间博士阶段的学习生活即将结束，新的人生征程也随即开始。此文收笔之际，心中诸多感慨，有对过往四年的回忆，也有对未来的憧憬，当然，期间也有无数次想象过博士毕业答辩的情景。最近经常感慨自己年轻不再，在此也借用年轻时最喜欢的“灌篮高手”的片段来勉励一下自己：樱木花道在全国高中篮球赛中战山王工业时对安西教练说的一句话“老爹，你最辉煌的时刻大概是全日本时代吧，而我呢，就是现在了”……

可以说，我在上海，在上海财经大学，在国际工商管理学院度过了人生中最重要的时光，也让我从毕业论文完成过程中懂得了坚持的可贵，也对“厚德博学、经济匡时”的责任和使命感有了深刻的认识。“何为经济学?”这个一直是我想探究清楚的问题，诚然是一个博大且深邃的系统问题，但是我觉得它的发展离不开与社会、民生发展之间相辅相成的关系，因此，我感兴趣的问题就应运而生，这也为我的毕业论文形成作了最关键的铺垫。当然，在这段时光中，也有许多人和事值得一生珍惜，借这篇博士毕业论文的致谢部分，我想向所有教育过我、帮助过我的老师、同门、同学和家人说一声衷心的“谢谢!”

首先，我要感谢我的导师郭羽诞教授，郭教授平易近人，为人随和，一言一行，谦谦有礼，在学术科研中严谨务实，认真负责，不论是为人做事，还是严谨治学都使我终生受益。4 年前得以进入恩师门下，我深感幸运。而在这4年的学习过程中，每当我有一些想法与您讨论时，您总能耐心地提出中肯的意见和切实的建议；每当我有一些问题向您请教时，您总能及时给予精准的答复并使我深受启迪。我的博士毕业论文之所以能够顺利完稿，得益于您的悉心指导。而您的每次点拨也总能让我拨云见日、柳暗花明。从论文选题、开题、撰写、修改直至定稿，论文写作的每一个环节都倾注着您无微不至的教诲与关怀，正是在恩师的无私帮助和乐观鼓舞下，我的博士论文才得以顺利进展并完成。学生不才，未在学术方面有较高的建树，实感惭愧，每次想起我都觉得有负老师的期望与关心。

在我4年的求学生涯中，上海财经大学国际工商管理学院的各位老师传授给我专业知识并给予我宝贵的教益和帮助。我要感谢所有给我上过课，教给我知识，传递给我智慧的老师，他们的洞察力、渊博的知识、严谨的治学态度、精益求精的工作作风和对科学的献身精神给我留下了刻骨铭心的印象，同时也为我今后的人生树立了标杆。

在博士学习阶段，我有幸结识了王冠凤博士、罗胜强博士、贺超群博士、高磊博士、高晓娜博士、李雪玉博士和同门师姐李亚波博士等，能够与各位同门共同学习、共同进步也是人生的缘分，你们的一笑一颦都留在了我的记忆深处。真诚地祝愿各位同门在今后的生活道路上一帆风顺。

我还要感谢我的家人，在我遇到困难的时候，有你们的支持鼓励；在我失意消沉的时候，有你们的安慰体贴；在我迷茫无助的时候，有你们的出谋划策。正是有了你们，我才能衣食无忧，在求学的道路上轻装前行。你们是我生命中不可或缺的宝贵财富。特别是2013年与一生的佳人——葛睿组成自己的小家庭，学业上每一个小小的成就都离不开你的赞许和鼓励，生活中每一点挫折和坎坷都伴随着你的包容和理解。更有，挑灯夜读时，你的红袖添香；踌躇苦闷时，你的语重心长。这一切，点点滴滴，铭记于心，也必将成为一生相伴的基石。

当最终论文完成之时，成功的喜悦难于言表，然而在我的内心仍然战战兢兢，深知自身的知识有限，书中有不足之处，在以后的工作和学习中，我仍将继续研究，同时也恳请广大读者不吝赐教，提出宝贵的意见，在此深表谢意。

短短篇幅难以表达我的千言万语，衷心地感谢身边的每一位朋友！谨以此文献给所有帮助、关心、支持我的所有人，祝大家身体棒棒的、幸福指数不断攀升！也祝可爱的祖国经济、社会、民生全面发展，早日从大国回归强国之列！

高　新

写于2016年8月，定稿于2019年2月